Anna Barkholz

Anni

Geschichten meiner Kindheit

Bibliografische Information der Deutschen Nationalbibliothek:
Die Deutsche Nationalbibliothek verzeichnet diese Publikation
in der Deutschen Nationalbibliografie; detaillierte bibliografische
Daten sind im Internet über dnb.dnb.de abrufbar.

© 2020 Barkholz, Anna
Herstellung und Verlag: BoD – Books on Demand, Norderstedt

ISBN: 9783750409347

Inhalt

Danksagung

Ein herzliches Dankeschön allen, die mitgewirkt haben, damit
dieses Buch erscheinen konnte:

Jörg Barkholz meinem Sohn und
Barbara Barkholz meiner Schwiegertochter
für die Satzarbeiten und die Gestaltung des Buches.

Elke Dechet für das Lektorat,
Hannelore Zenk für Korrekturen,
und der Schreibwerkstatt „Blaue Feder", Nürnberg, in der
der Wunsch geweckt wurde, diese Autobiographie zu schreiben.

Vorwort

Die Geschichte meines Lebens. Einen langen Weg in die Vergangenheit zurückzugehen heißt, rückschauend Erlebtes festzuhalten. Dabei erinnere ich mich auch dankbar an alle Menschen, die mich im Leben begleitet und mich geprägt haben.

Erinnerungen – sie mögen sich wie Perlen zu einer kostbaren Kette reihen.

Wir sind vier...

Vier Geschwister. Unsere Schwester Helga, am 01. Februar 1944 in Feuchtwangen geboren, ist nur vier Monate alt, am 27. Mai 1944, an Lungenentzündung gestorben. Wir hatten noch eine Halbschwester Herta (väterlicherseits), die nicht mit uns aufwuchs. Sie ist am 20. Juli 1922 in Nürnberg geboren und am 12. September 1984 in Nürnberg gestorben.

Vater mochte sein »Viermäderlhaus«, seine »vier Grazien«, wie er uns nannte. Weil wir wussten, wie sehr ihm der erhoffte Stammhalter fehlte, und wir Mädchen auch gerne einen Bruder haben wollten, beschlossen wir, die Sache in die Hand zu nehmen. Mit dem Kinderreim: »Storch, Storch guter, bring uns einen Bruder…«, baten wir den Storch, übers Haus zu fliegen. Mit einem Stück Würfelzucker, das wir ihm, obwohl wir es ihm nicht gönnten, weil wir es viel lieber selbst aufgegessen hätten, allabendlich aufs Fensterbrett legten, versuchten wir uns bei ihm einzuschmeicheln. Es war nutzlos, wie sich nach langem Warten herausstellte, ihn auf diese Weise zu locken. Nichts geschah, nur das Zuckerstück blieb verschwunden. Voll Zorn beschimpften wir ihn deshalb, sooft wir ihn in seinem Nest auf dem Giebel des »Greifen-Wirts« oder in den Sulzachwiesen bei der Futtersuche entdeckten. Irgendwann gaben wir es auf, ihn um den männlichen Familienzuwachs zu bitten. Dass wir »Meister Adebar« Unrecht taten, er für die Lieferung kleiner Buben gar nicht zuständig ist, wussten wir damals freilich nicht.

In einer Familie, die uns Raum gab, in der Harmonie, Verständnis und Geborgenheit selbstverständlich waren – dafür danken wir unseren Eltern – wuchsen wir vier Mädchen auf und entwickelten uns unseren Anlagen entsprechend. Inzwischen haben wir alle »Vier« das 70. Lebensjahr überschritten. Und wenn ich mich jetzt an unsere Kindheit erinnere, mir vorstelle, wie ich mich selbst und meine Geschwister erlebt habe, kann ich nicht versprechen, dass die Sichtweise nach so vielen Jahrzehnten eine objektive Wahrnehmung zulässt.

Anna Elfriede, das bin ich, die Älteste. Man schrieb das Jahr 1939. Die politischen Ereignisse versprachen nichts Gutes, der Krieg warf seine Schatten voraus. Am 14. März dieses Jahres, an einem Dienstag, wurde ich im Nürnberger Theresienkrankenhaus geboren. Eine komplizierte Geburt, wie Mutter berichtet hat, für uns beide ein Kampf um's Überleben. Noch im Krankenhaus – der Stadtteil gehörte damals zur evangelisch-lutherischen Kirchengemeinde St. Jobst (heute St. Lukas) – wurde ich am 21. März getauft. In den folgenden drei Monaten danach bemühten sich Ärzte in der Kinderklinik Hallerwiese erfolgreich darum, mein beginnendes Leben zu retten. Leider konnte ich weder die Ursache der Erkrankung, die auf meinem Körper bis heute sichtbare Narben zurückließ, noch ihre medizinische Bezeichnung erfahren. Auch meine Eltern konnten mir nichts darüber vermitteln. Nur so viel, dass ich am Körper Pusteln hatte, die operiert werden mussten. Knapp sechs Monate war ich alt, als am 1. September der Zweite Weltkrieg ausbrach. Ich war ein schmächtiges Kind, anfällig für vielerlei Krankheiten, die für manche verpasste Schulstunde sorgten. In den Kinderjahren galt es Scharlach, Masern, Mumps, Keuchhusten, Diphtherie, zig Halsentzündungen und eine Blinddarmoperation zu überstehen. Weil ich spindeldürr war, nannten mich meine Tanten zuweilen liebevoll »Spinngrindele«. Ich soll ein stilles, pflichtbewußtes, fürsorgliches und wissbegieriges Mädchen gewesen sein, das gerne in die Schule ging, fleißig lernte und viel las.

Sieglinde, unser verhindertes Sonntagskind, ist am 21. April 1941, an einem frühen Montagmorgen, im Kreiskrankenhaus Feuchtwangen geboren und wurde dort am 03. Mai 1941, von Pfarrer Dr. Stubner getauft. Mit dem Zeitpunkt ihrer Geburt musste ich meine Eltern mit ihr teilen. Linda war ein rechter Wildfang und ersetzte Vater fast den Lausbuben, den Stammhalter, den er sich vergeblich gewünscht hatte. Couragiert und unbekümmert, kroch meine umtriebige Schwester durch Hecken, watete durch Bäche, kletterte auf Bäume und über unseren eisernen Gartenzaun. Blieb dabei an den Zaunspitzen hängen und zerriß ihr nagelneues Sonntagskleid. Voll Begeisterung rutschte sie die glatte Mauerbrüstung am Hausaufgang der Drogerie Schröppel hinunter bis sie Löcher in die Hosen gescheuert hatte. Mutter hatte ihre liebe Not mit ihr, denn neue Bekleidung und Wäsche war in den Kriegsjahren nur auf Bezugschein zu bekommen. Mit ihren blauschwarzen Haaren, ihrem spitzbübischen Lachen, ihrer fröhlichen Natur, nahm unser »B-Engelchen«, schnell die Herzen für sich ein. Für den Schulbetrieb zeigte Linda weniger Sympathie, ging, so weit es sich anbot, immer den bequemsten Weg, erreichte aber trotzdem mühelos das Klassenziel. Praktisch denkend, handwerklich geschickt und erfinderisch, fiel es ihr leicht, sich auch unter den gleichaltrigen Buben zu behaupten.

Cornelia, Karolina, die Dritte im Bunde, kam an einem Donnerstag, am 27. August 1942, im Theresienkrankenhaus in Nürnberg zur Welt und wurde am 02. September 1942 dort getauft. Unsere stille, in sich gekehrte Schwester war ein Vorbild an Ordnungsliebe. Akkurat und bedacht, räumte sie ohne Aufforderung alle ihre Habseligkeiten auf. Sie verriet uns selten ein Geheimnis und vertiefte sich stundenlang in Bücher. Unsere Cornelia lernte gut und freute sich über alles Schöne, an Kunst und Natur. Sie fertigte mühelos kunstvolle Handarbeiten und konnte vortrefflich sticken, stricken und nähen. Ein Talent, das mir selbst vollkommen fehlte. Es machte mich nicht neidisch, beeindruckte mich aber über alle Maßen. Zum Mißfallen von Linda, bemalte sie die Heftränder ihrer säuberlich geschriebenen Hausaufgaben gerne mit bunten Blumenranken. Das ärgerte Linda, da ihr die Lehrerin, als die beiden für eine kurze Zeit gemeinsam eine zusammengelegte Klasse besuchten, ständig die vorbildlichen Arbeiten ihrer Schwester Cornelia vorhielt.

Unser Nachkriegs- und Sonntagskind, unser eigenwilliges Nesthäkchen Elfriede, Marianne, wurde am 18. August 1946, im Feuchtwanger Krankenhaus geboren, und am 28. Oktober 1946 von Kirchenrat Dr. Hohenberger in der Johanniskirche getauft. Vermutlich hatte sie bereits beim ersten Atemzug herausgefunden, wie man sich gegen drei ältere Schwestern wehrt und bei den Eltern durchsetzt. Denn, was ihr erlaubt und nachgesehen wurde, war für uns drei andere noch lange keine Messlatte. Das verdroß uns zuweilen. Zum regelrechten Albtraum für uns ältere Geschwister entpuppte sie sich, immer dann, wenn wir Älteren sie auf Anordnung von Vater oder Mutter als lästiges Anhängsel überall mitschleppen mussten. Nichts-desto-Trotz, liebten wir unseren kleinen Fratz, der älter geworden, unentbehrlich für uns war, dann nämlich, wenn sie als unser »Bolandi« willig unliebsame Besorgungen und Botengänge für uns übernahm, oder nach Ladenschluss an der Hintertüre, noch etwas für uns einkaufte. Elfi liebte – wie Linda – alle Tiere, die kleinen und die großen, alles was kroch und flog unterm Himmel, und es machte ihr mächtig Spaß in unserem Pachtgarten ein kleines, eigenes Fleckchen Erde zu bepflanzen.

Für jede von uns »Vieren« will ich ein Ereignis aus unseren frühen Kindertagen festhalten, das Mutter erzählt hat, oder wie ich es selbst erlebt habe.

Anni, drei Jahre alt, die für die wenigen Autos die damals unterwegs waren, wer weiß warum, die Bezeichnung »Automobil-Rumpele« erfand, saß – so, wie sie es gerne hatte – allein an ihrem Kindertisch beim Mittagessen. Bei ihr galten strenge Sitten. Sie beanspruchte ihren eigenen Platz ebenso wie ihr eigenes Geschirr und Besteck. Ausnahmen ließ sie nicht gelten. Es hatte geläutet. Ein alter Freund der Familie trat ins Zimmer und streckte Anni freundlich seine Hand hin: *„Grüß Gott, kleine Anni. Guten Appetit. Na, schmeckt's dir?".* Anni musterte ihn ärgerlich, soweit es ihre Körpergröße zuließ, von oben bis unten, verweigerte ihm unhöflich ihre Hand, blickte ihn zornig an und sagte langsam, sehr deutlich und bestimmt: *„Ich esse jetzt! Und möchte bitte nicht gestört werden!"*

Es war um Weihnachten, als man gerade anfing Plätzchen zu backen. Die Tage waren noch spätherbstlich warm, als Linda, ins dunkelblaue Mäntelchen gehüllt, am Nachmittag, im Hof zwischen dem Hinterhaus am Vorderen Spitzenberg, in dem wir wohnten, und dem Vorderhaus der Vermieterin an der Hindenburgstraße, auf einer niedrigen Mauer saß. Angestrengt starrte sie auf die großen Backbleche voller Plätzchen, die die Hausfrau zwischen der nahen Bäckerei Karg und dem Wohnhaus hin und her trug.

„Linda, magst ein paar Plätzchen?", fragte die Hausfrau meine Schwester im Vorbeigehen.

„O ja", rief die Vierjährige entzückt, ihrem Ziel ganz nahe.

„Ich hab einen solchen Hunger", dabei malte sie mit den Händen einen großen Kreis in die Luft.

„Ich hab heut überhaupt noch nichts gegessen!"

„Warum denn, Linda, bist du krank, hast dir den Magen verdorben?"

„Nein, aber meine Mama gibt mir einfach nichts zu essen!"

„Na, warte, du armes Kind, wenn das so ist, hol ich dir gleich ein Tellerchen voll." Darauf bedacht, dass niemand sie störte, verschlang Linda in Windeseile die Plätzchen. Als die Hausfrau, die dem treuherzigen Mädchen die Geschichte natürlich glaubte, wenig später unsere Mutter traf und nachfragte, warum Linda heute nichts zu essen bekam, blieb ihr nichts anderes übrig, als den Schwindel kleinlaut zuzugeben.

Cornelia war noch kein Schulmädchen. Es gefiel ihr, Mutter in der Küche ein bisschen zu unterstützen. Mutter freute sich über den Eifer ihrer kleinen Tochter und ließ sich gerne helfen. Sie versuchte, den Inhalt einer Dose Erbsen oder Bohnen in eine Schüssel auszuleeren. Der Inhalt steckte fest und löste sich nicht. Mutter beobachtete es und meinte:

„Coni, stell die Dose auf den Kopf, dann geht's ganz einfach!".

Cornelia gehorchte prompt, stellte die Dose langsam und bedächtig auf ihren Kopf, hielt sie mit beiden Händen fest, und schaute Mutter ratlos an.

Was ich über Elfi berichte, lasse ich sie lieber nicht lesen, da sie die Einzige von uns Geschwistern ist, die diese Tatsache für erfunden hält. Elfi war damals etwa zwei Jahre alt und musste, wie immer, überall mit dabei sein. Mutter hatte uns zur nahen Metzgerei Preiß geschickt, die nur wenige Häuser entfernt, in der Spitalstraße, in der auch wir wohnten, ihr Geschäft hatte. Der enge Laden war drangvoll. Kaum war die Klingel der Ladentüre verstummt, stimmte unsere kleine Schwester ein lautes Wunschkonzert an. *„Ich will a Wurscht, ich will a Wurscht"*, klang es immer wieder zwischen kurzen Atempausen. Die Augen der Kunden wandten sich uns zu, und wir schämten uns des »Aufgschaus« wegen. Wie peinlich! Außerdem waren wir ja noch lange nicht dran. Während wir darauf warteten, dass der Boden unter unseren Füßen nachgibt und uns gnädig versinken lässt, versuchten wir verzweifelt, unseren Schreihals zu stoppen. Was uns nicht gelang, vermochte die Metzgermeisterin im Handumdrehen, indem sie Elfi's fordernden Sprechgesang mit einer dicken Scheibe Gelbwurst belohnte.

Mutter – Vater – Unser Elternhaus

Zwei Brüder, Karl und Wilhelm, warteten bereits neugierig auf ihre erste Schwester, als unsere Mutter am 11. Oktober 1908, einem Sonntag, als Kind der Eheleute Christian Karl Kern geb.16.10.1876 und Eva Maria geb. 8.2.1877, in Feuchtwangen geboren wurde. Später bekamen sie dann noch einmal zwei Schwestern, Karolina und Marie. Mutter war also ein Sonntagskind. »Wenn du am Sonntag geboren bist, siehst du was andern verborgen ist«, behauptet der Volksmund. Viele geheimnisvolle Eigenschaften dichtet man den Sonntagskindern an. Das »zweite Gesicht«, den »sechsten Sinn«, und hellseherische Fähigkeiten. Nichts von alle dem, auch kein »besonderes Glück«, traf auf Mutter zu. Es waren eher die positiven Merkmale die Sonntagskindern anhaften sollen: »Mut, Kraft und Selbstvertrauen«, die in ihrem Leben eine Rolle spielten. Wir Kinder zweifelten nicht daran, dass sie Hellsehen und Verborgenes entdecken konnte. Wir dachten, es sei diese Fähigkeit, wenn sie wieder mal unsere Absichten durchschaute und wusste was wir im Schilde führten, noch bevor wir etwas unternommen hatten. Mit Schwindeln war ohnehin nichts zu machen, deshalb versuchten wir es auch gar nicht. Dass Mutters Durchblick kein Hokuspokus war und es dafür tausend andere Gründe gab, das verstanden wir in unserem Alter noch nicht.

Mit ihren vier Geschwistern wuchs Mutter in ihrem Elternhaus, in der Feuchtwanger Altstadt, nahe dem Heimatmuseum auf. Da das Haus für die siebenköpfige Familie nicht besonders groß war, musste der Vater – der Schuhmachermeister war – einen Teil der Wohnstube als Werkstatt nutzen. Das tägliche Leben spielte sich in der gemütlichen Wohnküche ab. Nur am Feierabend und an den Sonntagen saß man im Wohnzimmer beieinander. Die Familie musste nicht hungern, aber doch auf vieles verzichten. Die Eltern mussten sparsam wirtschaften, und das nicht nur, weil für Großvaters Handwerk Geld nötig war. Die Zahlungsmoral der Stadt- und Landkundschaft ließ oft genug zu wünschen übrig und Leistungen wurden nicht selten in Naturalien bezahlt. Die Säumigen blieben ihm nichts schuldig, doch es dauerte oft Wochen oder gar Monate, bis sie ihre Rechnungen beglichen. Die Erträge aus der Schusterei reichten gerade einmal für den Unterhalt und ein bescheidenes Leben aus.

Am 1. Mai im Kriegsjahr 1915, wurde Mutter in die Volkshauptschule Feuchtwangen eingeschult, die sie bis 30. April 1922 besuchte. Nach Beendigung der Volkshauptschule setzte sich der Unterricht ab 1. Mai des selben Jahres in der Volksfortbildungsschule fort. Die Schulpflicht dauerte drei Jahre. Der Unterricht fand an allen Sonn- und Feiertagen – außer in der Ferienzeit – statt und endete meist erst in den späten Mittagsstunden. Ein Nicht Einhalten von Regeln und Versäumnissen wurde bestraft, wie in einem Auszug aus dem Polizeistrafgesetzbuch vom 26. Dezember 1871, abgedruckt auf der Rückseite von Mutters Entlassungszeugnis, zu lesen ist.

Dort steht:

Art. 56, Abs.1. Eltern, Pflegeeltern, Vormünder, Dienst- und Lehrherrn, welche ihren schulpflichtigen Kindern, Pflegekindern, Mündeln, Dienstboten und Lehrlingen den Besuch öffentlicher Tanzveranstaltungen gestatten, werden an Geld bis zu 30 Mark oder mit Haft bis zu acht Tagen bestraft.

Art. 56, Abs. 2. Mit Haft bis zu 6 Tagen sind Volksfortbildungs-schulpflichtige zu bestrafen, welche öffentlichen Tanzveran-staltungen anwohnen, oder ohne Erlaubnis der Eltern, Pflegeeltern, Vormündern, Dienst- oder Lehrherrn Wirtshäu-ser besuchen.

Art. 58 Abs. 2. Haft bis zu 3 Tagen kann auf Anzeige der Schul-behörde gegen diejenigen Schulpflichtigen erkannt werden, welche aus eigenem Verschulden den Besuch der Volksfort-bildungsschule ... oder während ihrer allgemeinen Volks-fortbildungsschulpflicht den vorgeschriebenen öffentlichen Religionsunterricht fortgesetzt versäumen.

Mit dem Entlassungszeugnis der Volksfortbildungsschule vom 2. April 1925, war Mutters Schulzeit endgültig vorbei. Ihre beiden Brüder hatten nach ihrer Schulentlassung inzwischen einen Beruf erlernt. Karl ging zur Polizei, Wilhelm wurde Schuster, wie sein Vater. Eine Berufsausbildung für die Mäd-chen kam nicht infrage, dies konnten sich die Eltern nicht leisten. Damals erhielt man keinen Arbeitslohn während der Ausbildung, sondern musste den Lehrherren oder Meistern Lehrgeld bezahlen. Für Mädchen war eine Ausbildung damals auch noch nicht so wichtig. Es galt noch immer die verbrei-tete Ansicht: Mädchen heiraten und sind damit versorgt. Ein Übertritt in eine weiterführende Schule oder gar ein Studium, war in der Regel Kindern aus besser situierten Kreisen vor-behalten.

Für die Dauer ihrer Volksfortbildungsschulzeit war Mutter bei einer jüdischen Familie in Feuchtwangen als Hilfe für den Haushalt und Kindermädchen angestellt. Mutter, und nach ihr ihre beiden jüngeren Schwestern, mussten die beschau-liche Kleinstadt verlassen und sich in den Großstädten Mün-chen, Frankfurt/Offenbach und Nürnberg nach einer Stelle umsehen. Mutter beabsichtigte ihre hauswirtschaftlichen Fertigkeiten und ihr Geschick im Kochen zu verbessern, bevor sie sich um einen festen Dienstplatz kümmerte. Deshalb schickten die Eltern sie zum Bruder ihrer Mutter, zu Onkel Fritz und Tante Minna nach Füssen, ins Allgäu. Die dort erlernten Fähigkeiten setzte Mutter später als Hausangestellte im Vierpersonen-Haushalt von General Heidenreich in Nürnberg ein. Etwa 10 Jahre lang - bis ich, ihre erste Tochter, im März 1939 geboren wurde - arbeitete sie dort. Auch nach Beendigung ihrer Tätigkeit blieb sie, mit ihrer Familie, ihrer »Herrschaft« freundschaftlich verbunden.

Am 12. Juni 1941 feierten unsere Mutter und unser Vater Kurt Alfred Hager, in Nürnberg Hochzeit. Ihre zweite Tochter Linda war im April 1941 geboren. Im August 1942 wurde Cornelia, ihre dritte Tochter, und am 18. August 1946 Elfriede, ihr fünftes Mädchen geboren. Helga, ihr viertes Kind, kam im Februar 1944 zur Welt und starb im Mai des selben Jahres an einer Lungenentzündung.

Die Luftangriffe auf Nürnberg wurden heftiger. Deshalb verließ unsere Mutter im Herbst 1943 die Stadt, und zog zusammen mit uns Kindern in ihren Geburtsort Feuchtwangen. Im Hinterhaus des Textilgeschäftes Rühl, Am Vorderen Spitzenberg 30, mietete unsere Familie eine Zweizimmerwohnung. Wir wohnten über einem leer stehenden Pferdestall - die Pferde waren von der Wehrmacht beschlagnahmt - in dem einstöckigen Gebäude, mit einer Familie Schnorr und deren Tochter Inge Tür an Tür. Auf dem freien erdigen, nur teilweise befestigten Hof zwischen Vorder- und Hinterhaus gab es Auslauf für ein Dutzend Hühner und genug Platz zum Spielen. Unser Vater, der beruflich in Nürnberg bleiben musste, besuchte uns in immer größeren Abständen, aber sooft es ihm möglich war. Manchmal konnte er nur einen kurzen Tag bei uns bleiben, ab und zu auch ein paar Tage lang. Mutters Eltern, ihr Bruder Wilhelm, seine Frau Babett und ihre Tochter Hannelore hatten ihre Heimatstadt Feuchtwangen nie verlassen. Ihr Bruder Karl, seine Frau Centa und Tochter Renate, die in München wohnten, blieben dort. Mutters beide Schwestern, Lina mit ihren Kindern Renate und Cornelius, wie Marie mit ihren Töchtern Erika und Margot, wurden – bedingt durch die Kriegseinwirkungen – aus München und Offenbach ebenfalls hierher evakuiert. So befanden sich Mutters Verwandte nahezu alle wieder am Ort. Lina's Mann, Cornelius und Marie's Mann Ludwig, waren, wie ihre beiden Brüder Karl und Wilhelm, an der Front.

Mutter war hübsch, zierlich und mit 165cm Körpergröße nicht sehr groß. Ihr langes dichtes, schwarzes Haar trug sie, zum Zopf geflochten, im Nacken aufgesteckt. Die blaugrauen Augen und vollen Lippen, mit den Grübchen um den Mundwinkeln, verliehen ihrem schmalen Gesicht einen besonderen Reiz. Ihre Hände verrieten, dass sie kräftig zupacken mussten. Mutter wählte für ihre schlichte Garderobe vorwiegend dunkle Farben. In den Jahren 1944, 46 und 49, als unsere Schwester Helga, ihr Bruder Karl und ihr Vater starben, trug sie, wie es früher Brauch war, ein ganzes Jahr lang Trauerkleidung. Bei der Hausarbeit trug sie dunkle Kittelschürzen, die sie nicht nur streng erscheinen ließen. Denn streng war sie auch mit uns, trotz dem nötigen Freiraum, den wir Kinder hatten. Wir mussten parieren. Da gab es keinen Pardon. Wir gehorchten auch… meistens!

Mutter hatte es nicht leicht. Nicht während des Kriegs und erst recht nicht in der Zeit danach. Vater, siebzehn Jahre älter als Mutter, kam krank und gebrochen aus der etwa viermonatigen amerikanischen Gefangenschaft zu uns zurück. An vielen Tagen der Ungewissheit über sein Schicksal, ging Mutter oft frühmorgens schon aus dem Haus, lief weite Wege übers Land zu den Bauernhöfen in der Gegend, um für uns und seine Heimkehr zu hamstern. Nicht immer zahlte sich ein langer Fußmarsch aus, nicht immer brachte sie von ihrer Tour etwas mit nach Hause. Ein anderes Mal wieder lohnte sich der Gang. Und in ihrem sackleinenem Rucksack sammelten sich ein paar Eier, eine Säckchen Mehl, einige Löffel Schweineschmalz, etliche Kartoffeln, und eher seltener auch ein Stückchen Speck oder Geräuchertes. Bekam sie an einem Schlachttag etwas von der Schlachtschüssel ab, oder eine Bäuerin lud sie gar zum Essen ein, dann gab es für uns alle einen besonderen Festtag. In dieser »Teueren Zeit« war unsere Schwester Linda Mutter eine große Hilfe. Linda besaß Verkaufstalent, traute sich etwas zu, und hatte Kontakt zu den »richtigen Leuten«. Mit ihrer fröhlichen Art, ihrem hellen Lachen, eroberte sie die Herzen aller sprichwörtlich im Sturm. Sie hatte eine Schulkameradin, deren ältere Schwestern mit amerikanischen Besatzungssoldaten befreundet waren. Hier verkaufte sie mit viel Geschick alles mehr oder weniger wertvolle, von dem Mutter sich ungern, aber willig trennte. Vaters Fotoapparat, den Mutter vor dem Zugriff der Amerikaner im Holzstoß bei Opa versteckt hatte, eine Armbanduhr, ihr Fuchspelz, etwas Schmuck und der kostbare Lieblingsring, an dem sie besonders hing, wechselten den Besitzer. Auch Lebensmittelmarken, die Mutter vom wöchentlichen Kontingent abzwackte, vor allem Zuckermarken, bot Linda zahlungskräftigen »Kunden« zum Kauf an. Auf diese Weise floss ein wenig zusätzliches Geld in die Haushaltskasse. Mutter war unermüdlich für ihre Familie tätig, wusch, bügelte und putzte für fremde Menschen und ging, wenn es nötig war, selbst im Winter zur Metzgerei Lehr, am Oberen Tor, zum Holzhacken. Da Vater im zerstörten Nürnberg nicht vor Ort war und es auch lange keine Neuorientierung gab, konnte er nach dem Krieg seine Tätigkeit dort nicht wieder aufnehmen. Eine Zeit lang bemühte er sich vergeblich als Vertreter für Tränkhilfen für Großvieh Geld zu verdienen. Fürs Hausieren und »Klinkenputzen« fehlten ihm jedoch die Voraussetzungen, Redegewandtheit und Überzeugungskraft. Sein erfolgloser Einsatz machte ihn verletzlich und die gesundheitlichen Beschwerden nahmen zu. Waren dagegen handwerkliche Fertigkeiten gefragt, konnte Vater punkten. Er löste viele Probleme nahezu im Handumdrehen. Er tüftelte, war erfinderisch, bastelte und fertigte Spielsachen aus Holz. Sein Motto: »Dumm kann der Mensch schon sein, aber zu helfen muss er sich wissen.« Vater konnte Zither spielen und hatte eine bestechend schöne Handschrift. Nach dem gescheiterten Versuch durch den Verkauf von Tränkhilfen, Arbeitsentlastung in die Kuhställe der Umgebung zu bringen, bot sich ihm glücklicherweise die Möglichkeit, stundenweise im Landratsamt zu arbeiten. In den Sommermonaten, ab der ersten Aufführung 1948 bis zu unserem Wegzug 1956, wirkte er als Souffleur bei den bis heute stattfindenden Feuchtwanger Kreuzgangspielen.

In der Regel übernahm Mutter die Regie im Familienleben. Sie erledigte alle erforderlichen Gänge, auch die unliebsamen, führte notwendige Gespräche und Verhandlungen. Für diese »Rolle« war unser feinsinniger Vater sowieso nicht die richtige Besetzung. Mutter hatte ihre Kinderschar, uns Heranwachsende unter ihrer Fuchtel. Sie wusste, ebenso wie wir, dass wir uns zu jeder Zeit aufeinander verlassen konnten. Trotz aller Not lebten wir in einem gastfreundlichen Elternhaus. Mutter lebte uns vor, auch Weniges zu teilen. Sie hatte Verständnis und Einfühlungsvermögen. Zu ihr kamen wir wenn wir Hunger und Durst, Kummer, oder etwas ausgefressen hatten. Mit viele Liebe rückte sie unsere kleinen Sünden zurecht, nahm uns in den Arm, tröstete uns, und wachte über unseren Schlaf wenn wir krank waren. Erstaunlich, wie viel Kraft und Energie in ihr steckten. Vater war eher der ruhende Pol. Er befasste sich mit unseren Hausaufgaben, brachte uns die Natur nahe und wusste Antworten auf unsere Fragen.

Erinnerung an meinen Vater

Ich erinnere mich an einen großen, schlanken, fast knochigen
Mann, die schwarzen Haare schon mit üppigem Grau durchwirkt. Einziger Schmuck an den feingliedrigen Fingern, der
schlichte, goldene Ehering. Vaters Gang war bis zu seiner langen Krankheit, aufrecht und gerade, seine Stimme angenehm
ruhig. Dem Blick seiner graublauen Augen hinter den Bril-
lengläsern zollten wir Kinder uneingeschränkt Respekt. Aus-
geglichen und geradlinig, so sehe ich ihn vor mir. Sein Auftreten
hatte etwas von distanzierter Würde. Und doch auch wieder
nicht. Wenn er mit mir und meinen Geschwistern über Wiesen und Felder zog und durch die Wälder wanderte, wenn
er die Saiten seiner fast hundertjährigen Zither zum Klingen
brachte und wir dazu sangen, dann war er wohl eher der große
Kamerad.

Vater ersparte »dem Haus den Zimmermann«, er war ein geschickter Handwerker, Bastler und Tüftler. Klug und gescheit war er. Fast alles konnten wir ihn fragen und vier Mädchen können viel, und wer weiß was alles fragen. Meist wusste er die richtige Antwort. War er – was gewiss auch einmal vorkam – überfragt oder zweifelte er, dann holte er den dicken einbändigen, abgegriffenen Volks-Brockhaus aus dem Regal zur Hilfe. Doch eine Frage – die eine meiner Schwestern noch heute besonders bewegt – hat er uns nie beantwortet, blieb uns die Antwort zeitlebens schuldig. Auf diese Frage antwortete er stets: „Ach Kind, frag nicht.". Selbst als wir längst junge Frauen waren, wollte er mit uns darüber nicht reden. Noch zur Zeit als Kaiser Wilhelm II. regierte, am 05. Oktober 1891 geboren, nahm Vater als junger Mann aktiv am 1. Weltkrieg 1914/18, teil. Wir wollten wissen, was er in diesem Krieg erlebte, und wie er ihn überlebt hatte. Lediglich Mutter erwähnte einmal, dass unser Vater irgendwo in Frankreich verschüttet war und deswegen nicht mehr gut hören kann.

Vater liebte die Natur. Er kannte die heimischen Bäume, viele Blumen, Heilkräuter und Gräser. Die Vogelstimmen waren ihm vertraut, und die Ährenhalme ordnete er ihrer Getreideart zu. Er wusste, was unter dem Himmel kreucht und fleucht. Die Krabbeltiere, Insekten und Wassertiere kannten wir mit seiner Hilfe bald schon bei ihren Namen. Mit unserem Vater entdeckten wir die Sternbilder am nächtlichen Himmel, und auf allen unseren Spaziergängen und Wanderungen gab es mit ihm alles Mögliche zu erkunden. Man kann Vater als gutmütigen Menschen bezeichnen, der aber, wenn es notwendig wurde, auch streng gewesen war. Dann etwa, wenn wir – meist aus Gedankenlosigkeit – unachtsam waren und gültige Regeln übertraten oder Anordnungen nicht befolgten. Und: Vater duldete keinen Widerspruch. Bitter für mich, wenn er nicht Recht hatte.

Mutter – die gute Köchin

Der einspurige Feldweg führte in südlicher Richtung aus der Stadt. Durch Felder, Hecken und Wiesen waren wir zu Fuß eine gute halbe Stunde unterwegs zu Mutters Speisekammer. Ein Stück Ackerland, aufgeteilt in neun Parzellen. Neun bescheiden große Anbauflächen auf freiem Feld, ohne Umzäunung. Den Gärten gegenüber, durch einen Feldweg mit einer breiten Grasnarbe getrennt, standen auf einer kleinen Anhöhe drei knorrige, alte Föhren. Am sandigen Wegrand, unterhalb des spärlich bewachsenen Buckels, der zur Wiese hin abfiel, sickerte klares Quellwasser aus einer Felsspalte in den fußbreiten Graben. Wenige Meter weiter rann es mehr, als es floss, in einen kleinen Teich. Das Wasser der Quelle war auch im Sommer eiskalt und stillte an heißen Tagen unseren Durst. Aus dem kleinen Weiher schöpften wir das Wasser zum gießen. Denn ein Stück von dem Feld gehörte uns. Wir hatten Glück gehabt, als die Anteile von der Stadtverwaltung verlost wurden und konnten eines pachten.

Für den Garten war Vater zuständig. Er pflegte ihn mit viel Liebe und noch mehr Geduld, und der Garten lohnte ihm den Aufwand mit üppigem Pflanzenwuchs. So war Mutters Speisekammer immer gut gefüllt. Vieles, was sie für unsere täglichen Mahlzeiten brauchte, gedieh hier reichlich. Mutter konnte kochen, gewiss. In ihren jungen Jahren hatte sie es oft genug im Haushalt von General Heidenreich, in Nürnberg, bei dem sie angestellt war, beweisen müssen.

„Das war kein Kunststück", sagte Mutter einmal,
„Damals konnte ich aus dem Vollen schöpfen, es mangelte an nichts."
Aber jetzt, nach dem Krieg, bei der schlechten Versorgungslage und dem dürftigen Einkommen, mit dem Wenigen, das sie zur Verfügung hatte eine »gute Küche« zu bieten, war sicher eine große Kunst. Doch Mutter war einfallsreich. Sie schaffte die Herausforderung mit Bravour. Mit alten erprobten, wie neuen Rezepten und eigenen Ideen erzielte sie auf ihrem holzbefeuerten Küchenherd erstaunliche Ergebnisse. Ein Glanzlicht auf dem Frühstückstisch war der goldbraune, klebrige Sirup, den Mutter, wie viele Frauen damals, aus Zuckerrüben herstellte. Der etwas gewöhnungsbedürftige Rübengeschmack störte uns Kinder nicht. Wir mochten den Sirup, weil er so herrlich süß war. Mittags und meist auch abends, hatten die Kartoffeln, oder auch »Ebbieren«, wie sie hier in der Gegend hießen, ihren großen Auftritt. In allen möglichen Zubereitungen hatte Mutter sie in Szene gesetzt. Sie gekocht, durchgepresst, auf dem scharfen Reibeisen roh gerieben – sich dabei ab und zu die Finger verletzt – geröstet, gebacken und gestampft. In ihren Händen wurden aus der Ackerfrucht viele wohlschmeckende Gerichte. Wie köstlich waren die grauen rohen Klöße, grau, weil sie nicht geschwefelt wurden, auch wenn sie nur mit einer »blinden Soße« auf den Tisch kamen. Mutters »Danschi«, eine süße Kartoffelspeise mit Äpfeln und Zwiebeln, stand bald ganz oben auf der Liste unserer Leibspeisen, vor allem dann, wenn sie ein Päckchen Oetker-Vanillepudding unter den Auflaufteig mischen konnte. Nicht, dass jetzt der Eindruck entsteht, unsere Ernährung bestand in jenen Tagen ausschließlich aus Kartoffeln und Gemüse, obgleich sie tatsächlich die Grundlage waren. Nein. Zwischendurch wusste Mutter auch leckere Mehlspeisen zu bereiten, die zwar eher seltener, weil sie teurer waren, aber doch so dann und wann auf dem Speisezettel standen. Und Grieß- und Reisbrei gab es selbstverständlich auch. Dem schlei-

migen Haferbrei und dem Mus aus gelben Maismehl verweigerten wir allerdings, wie der labbrigen Sago-Suppe, für die wir die Bezeichnung »Froscheierbrühe« erfanden, unsere Zuneigung; was uns aber nichts nützte. Denn Aufessen war Pflicht. Wie gut, dass uns der Hunger dabei half. Heimische Obstsorten, vorwiegend aber Falläpfel und Beeren aus dem Garten und dem Wald, wurden in Mutters Küche zu fruchtigem Kompott und hin und wieder zum saftigen Kuchenbelag. Hinreißenden Bratenduft vermissten wir lange. Viel zu selten zog er durchs Haus und war – wenn auch nicht regelmäßig – die sonn- und feiertägliche Ausnahme. Mutter stellte sogar ihre Speisewürze aus Gartengemüse selbst her. Dazu nahm sie Blatt- und Wurzelwerk von Petersilie und Sellerie, Karotten, Lauch und Zwiebeln und drehte alles zusammen durch den am Küchentisch festgeschraubten Fleischwolf. Ein Teil Grünzeug mit zwei Teilen Kochsalz vermengt, in Schraubgläser abgefüllt, so würzte diese Mischung das ganze Jahr unsere Speisen. Kräuter und Pilze, im Sommer und Herbst auf den Wiesen und in den umliegenden Wäldern gesammelt und getrocknet, waren ebenfalls willkommene Geschmacksverstärker.

Verblüffend, was und wie Mutter alles gelang. Wir Kinder freuten uns tagtäglich, mit Ausnahme der Hafer-, Maisbrei- und Sago-Suppen-Tage, aufs Mittagessen. Wenn wir aus der Schule kamen, schnupperten unsere Nasen schon im Hausgang den Geruch der aus der Küche drang. Ob er uns verraten würde, was es zu essen gab? Wenig später saßen dann vier hungrige Kinder mit ihren Eltern um den großen, alten Holztisch. Oft waren es auch ein paar mehr Leute. Dann etwa, wenn wir Mädchen eine Schulfreundin oder ein Nachbarkind mit nach Hause schleppten. Unsere Eltern waren gastfreundlich, auch, wenn sie nicht viel hatten. Mutter gab jedem gerne, der zufrieden war mit dem, was sie zu geben vermochte.

Später, als sich die wirtschaftliche Lage zu stabilisieren begann und es unserer Familie ein wenig besser ging, briet Mutter an hohen Festtagen manchmal eine Kalbshaxe für uns. Sie gelang ihr stets besonders gut. So vortrefflich, dass ich noch immer davon träume. Ein himmlisch würziger Duft mischte sich dann mit dem der Beilagen zu einer köstlichen Komposition, und die zarten, knusprig gebratenen Bissen zergingen uns auf der Zunge.

Gab es in jenen Tagen hauptsächlich einfache und sparsame Gerichte, die Mutter aus dem Kochtopf und der Pfanne zauberte, sind es für mich allezeit »kulinarische Gedichte« geblieben, mitgenommen in der Erinnerung an eine unbeschwerte, fröhliche Kindheit. Ohne Zweifel: Mutter war eine gute Köchin!

Meine Tante Marie

Tante Marie, die jüngste Schwester meiner Mutter, ist in ihrem 81. Lebensjahr, im August 1996, in Feuchtwangen, ihrem Geburtsort, gestorben. Mit ihr verband sich die Vorstellung einer tatkräftigen, liebenswerten Frau. Wenn ich nicht schon meine liebe Mutter gehabt hätte, dann hätte ich sie mir als Mutter gewünscht.

Während des Zweiten Weltkrieges und noch viele Jahre danach, wohnten meine Eltern mit uns vier Mädchen und den Familien meiner Tanten Marie, Lina und Babett am selben Ort. Alle nur wenige Gehminuten von einander entfernt. Auch das kleine Haus meiner Großeltern, der tägliche Sammelpunkt für uns Enkelkinder, lag im Stadtkern. Wenigstens einmal am Tag, meistens aber viel öfter, begegnete ich dort meiner Tante Marie. Alle hatten Tante Marie gern, ich liebte sie.

Anders als Mutter, die ihr volles schwarzes Haar zum Zopf geflochten, im Nacken aufsteckte, trug ihre acht Jahre jüngere Schwester das dunkelblonde Haar halblang und modern gewellt. Tante Marie war hübsch und duftete so gut. Überall wo sie hinkam, verbreitete sich schnell gute Laune. Sie war mit Onkel Ludwig verheiratet, den ich weniger mochte und hatte zwei Kinder, meine Cousinen Erika und Margot; Erika ein gutes Jahr älter als ich, Margot drei Jahre jünger und so alt, wie meine Schwester Cornelia.

Tante Maries ruhige, besonnene Art tat uns gut. Besonders wohltuend empfand ich sie, wenn es wieder einmal, was recht oft geschah, ein »Wehwehchen« zu verarzten gab und mein Leid gelindert werden wollte. Gar oft stolperten meine kleinen flinken Füße über das holprige Kopfsteinpflaster der Gassen. Die Knie, mitunter auch die Ellbogen abgeledert, Schürfwunden an den Handflächen, rief ich schluchzend nach Tante Marie, die meist nicht lange auf sich warten ließ. Nach dem Säubern der Wunde entschied Opa, welche Behandlung zum Einsatz kam. Dabei beschränkte er sich entweder auf die bewährte Jodtinktur, oder er verordnete zusätzlich eine Auflage weichgeklopfter Blätter seiner Meerzwiebeln, die in großen Blumentöpfen auf allen Fenstersimsen in der Stube herumstanden. Beide Anwendungen schmerzten und brannten mörderisch. Da half nur noch Tante Maries Trostpflaster. Saß ich danach auf ihrem Schoß und weinte still an ihre Wange geschmiegt, dann hörte ich sie mit sanfter Stimme leise flüstern:

„Heile, heile Segen,
drei Tage Regen,
drei Tage Sonnenschein,
es wird gleich wieder heile sein."

Und schon bald tat es auch gar nicht mehr so weh. Tante Marie war ein Engel. Das glaubte ich ganz fest, verriet es aber niemandem. Über Engel wusste ich Bescheid. Aus meinem Gottbüchlein und den schönen Geschichten im Kindergarten waren sie mir nicht fremd. Früh schon war ich damit vertraut, dass mich, wie alle frommen Kinder, mein eigener Schutzengel begleitet, sich um mich sorgt und auf mich acht gibt. Leider war mein Schutzengel, wie alle Engel, unsichtbar.

Das ärgerte mich zuweilen und machte mich hin und wieder sogar zornig. Um so mehr beruhigte es mich, dass Engel singen, wenn Satan ein Kind verschlingen will. Betete, oder sang ich doch allabendlich:

„Breit aus die Flügel beide, o Jesu, meine
Freude, und nimm Dein Küchlein ein.
Will Satan mich verschlingen, so laß die
Englein singen: „ Dies Kind soll unverletzet sein."*

Dass »Küchlein« ein anderes Wort für Kindlein ist, wusste ich bereits. Nicht plausibel war mir allerdings, dass Satan mich verschlingen will. Das machte mir Angst. Warum nur schilderten die Erwachsenen den Teufel so abscheulich? Selbst im Bilderbuch war seine Gestalt furchteinflößend. Hörner hat er auf dem Kopf, rotfunkelnde Augen, einen hinkenden Pferdefuß und einen langen, zotteligen Schwanz. So lag er in der glutheißen Hölle auf der Lauer und hielt Ausschau nach den bösen Menschen. Eine schaurige Geschichte. Was für ein Glück, dass es da im Himmel die singenden Engel gab, auch wenn ich sie nicht sehen konnte. Aber den Himmel, den konnte ich sehen. Für mich war Tante Marie zweifellos ein sichtbarer Engel. Alle Eigenschaften, die man von den Unsichtbaren erwarten durfte, waren bei ihr in reichem Maß vorhanden. Ich wurde von ihr behütet. Wann immer ich sie brauchte, war sie da. Stets wusste sie den allerbesten Rat und meistens von ganz alleine, wo mich der Schuh drückte. Auf sie konnte ich mich immer verlassen.

Doch nicht nur diese Vorzüge waren von unschätzbarem Wert und machten Tante Marie für mich und die übrige Kinderschar unentbehrlich. Mancherlei Fertigkeiten brachte sie uns bei. Den fraglos wichtigsten Glanzpunkt aber bescherte sie uns im Sommer mit dem »Eis-Tag«. An diesem Tag gab es

*Paul Gerhardt 1647, Ev.. Gesangbuch Lied 477, „Nun ruhen alle Wälder" , Vers 8

das allerbeste Eis meiner Kindertage, von ihr selbst gemacht. Bei diesem aufregenden Ereignis durften wir zugucken. Aus dem Eiskeller der nahen Gastwirtschaft Ballheimer wurde etwas von dem Eis besorgt, das im Winter mit der Axt aus den zugefrorenen Weihern der Umgebung geschlagen und mit großen Pferdefuhrwerken zu den Wirtshäusern in die Stadt gebracht wurde. In kleinste Teile zertrümmert, füllte Tante Marie das Eis in eine tiefe, riesige Blechschüssel, in deren Mitte die Milchkanne aus Aluminium, mit einer puddingartigen Masse stand, die sie mit einem langen Holzlöffel rasch und kräftig umrührte. Unsere aufmerksamen Blicke folgten ungeduldig jeder Umdrehung des Kochlöffels. „Warum dauert es nur so lange?" Eine kleine Ewigkeit verging, bis die köstliche Schleckerei fertig war, und wir sie endlich naschen konnten.

Tante Marie hat mich durch meine Kinderjahre begleitet. Erst im Oktober 1956 bekamen meine Eltern wieder eine Wohnung in Nürnberg zugeteilt. Schon ein gutes Jahr früher war Tante Linas Familie wieder nach München gezogen. Tante Marie wollte nicht mehr nach Offenbach zurück und blieb mit ihrer Familie, wie Tante Babett, die hier geboren war, an unserem bisherigen Wohnort.

Mein Großvater (mütterlicherseits)

Gedämpftes Hämmern drang durch die Tür der Wohnstube. Die hellen Sonnenstrahlen, das laute Krähen des bunt gefiederten Gockels, und das emsige Gackern und Scharren der Hennen im kleinen Garten der Minna Kohn, dicht neben dem Fenster der Schlafkammer, hatten mich aufgeweckt. Barfuß, im dünnen Nachthemdchen, huschte ich im Hausgang über die kalten Steinplatten in die Küche. Großmutter war schon lange wach. Sie hatte die Milch für mein Frühstück auf dem Herd warm gehalten und den Teller mit dem Butterbrot auf den Tisch gestellt. Daneben auf der Sitzbank stand ein Henkelkorb, der bis obenhin mit frischen Pilzen gefüllt war, die würzig nach Wald, Erde und Moos rochen. Opa war Pilze suchen. Beizeiten war er aufgestanden, noch in der Morgendämmerung hatte er sich auf den Weg gemacht. Er kannte die Plätze in den umliegenden Wäldern, wusste, wo sie reichlich wuchsen, brachte viele Steinpilze, Rotkappen und Pfifferlinge mit nach Hause.

Jetzt saß er längst wieder auf dem Drehstuhl seiner Schusterbrücke, flickte kaputte Schuhe, nagelte auf dem Dreifuß neue Sohlen und Absätze darauf, oder nähte sie mit einem dicken Pechdraht wieder zusammen. Großvater war kein »Flickschuster«, er hatte sein Handwerk gelernt, hatte einen Meisterbrief und war als junger Bursch auf Wanderschaft gezogen. Doch Leder für ein neues Paar Schuhe schnitt er nicht alle Tage zurecht. Noch war die Not der Kriegszeit überall spürbar.

Bevor ich frühstückte, tappte ich rasch zu Opas Arbeitsplatz, den er sich in einem Teil der bescheiden großen Wohnstube eingerichtet hatte. Durchs Fenster konnte ich die drei Türme der Feuchtwanger Stifts- und der Johanniskirche sehen und auf den angrenzenden Bauernhof vom Nachbarn Gögelein schauen. Ein beißender Geruch nach Leder und Pech, vermengt mit dem der frisch geölten Fußbodenbretter und der abgetragenen Schuhe und Stiefel, die unter dem Tisch aufgehäuft, aufs Reparieren warteten, durchdrang den Raum. Großvater hatte mich kommen hören und unterbrach das Hämmern für eine Weile. Schnell hüpfte ich auf seinen Schoß, schmiegte mich ein wenig an seine kitzelige Wange, sagte ihm „Guten Morgen" und war gleich wieder verschwunden. So hatte ich es oft erlebt, wenn ich mich längere Zeit bei den Großeltern aufhielt, damals, als ich drei oder vier Jahre alt war.

Mein Großvater war ein großer, breitschultriger Mann mit stämmigem Körperbau. Sein bereits schütteres Haar war, obwohl es noch deutlich die hellbraune Farbe erkennen ließ, schon weiß durchwirkt, und wich über der hohen Stirn zurück. Großvaters volles Gesicht wurde vom klaren Blick der blauen Augen unter den dichten Brauen, die alles blitzschnell erfassten, beherrscht. Sie gehörten einem aufmerksamen Beobachter. Die Gesichtszüge wirkten streng, ernst und bedacht, Respekt einflößend. Ebenmäßig geformt, passten Nase und Ohren akkurat zur gefälligen Erscheinung. Im ordentlich gezwirbelten Schnurrbart, der zeitlebens Großvaters ganzer Stolz war und seinem Gesicht Würde verlieh, hinterließ die häufige Anwendung des „Schmalzlers" (Schnupftabak), trotz aufwendigster Pflege, feine braune Gebrauchsspuren. Unter seiner Unterlippe konnte man ein leichtes Doppelkinn wahrnehmen.

Großvaters hellbehaarte Arme zeigten sich meist unbedeckt, da er die Hemdsärmel bis über die Ellbogen hochkrempelte.

Er trug derbe, blaue Arbeitshosen, die Füße steckten in dicken Wollsocken und festen Schuhen oder grauen Filzpantoffeln. Aus der Hosentasche spitzte, allzeit griffbereit, ein kleiner Zipfel des bunten Schnupftuchs. Opa zog sich weiße blaugestreifte oder blaue weißgestreifte Hemden an. Ein rein weißes Hemd nur zu besonderen Anlässen, für die auch der einzige, schwarze Anzug im Schrank hing. Dunkelblaue Latz-Schürzen aus Lüsterstoff mit breiten Taschen, über dem Bauch mit langen Bändeln zusammengebunden, schützten tagaus und tagein, wochentags wie sonntags, die Kleidung. Wenn Großvater das Haus verließ, nahm er, je nach Ziel, die feinere Joppe oder den Arbeitskittel aus blauem Drillich vom Haken und setzte sich die flache graubraune Schirmmütze aus Wollstoff auf den Kopf.

Großvater war viel belesen. Unter dem einzigen Fenster, an der Giebelseite zur Straße, hatte er sich auf dem unteren Dachboden seines Hauses, einen Platz eingerichtet, an den er sich zurückziehen konnte. Auf einer knappen Fläche standen, eine Bettstatt, ein Tisch, ein einziger Stuhl und ein hohes Regal mit vielen Ablagebrettern, das bis unter die Decke reichte. Dort stapelten sich eine Menge Bücher, in die er sich nächtelang vertieft haben soll, wie Großmutter erzählte.

Opa war willensstark und zeigte Durchsetzungsvermögen. Seine Meinung und sein Rat galten, nicht nur bei seinen Zunftgenossen. „Ja" hieß Ja bei ihm, und „Nein" hieß Nein, was zu seiner lauteren Gesinnung und dem ausgeprägten Gerechtigkeitssinn passte. Opa hatte Grundsätze. Er handelte besonnen und hielt es für selbstverständlich, zu helfen, wo immer Hilfe nötig war, ohne dabei auf Dank zu warten. Von »schönen Reden«, »Getratsche« und »Honig ums Maul schmieren« wollte er nichts wissen. Und schon gar nicht geehrt werden. Es gibt eine überlieferte Geschichte, die ihm beim Militär im Ersten Weltkrieg (1914/18) beinahe zum Verhängnis wurde,

glücklicherweise aber nur mehrere Tage »Bau« eintrug. Großvater sollte eine besondere Auszeichnung bekommen. Wofür,
blieb leider unbekannt, da er es nie verriet. Er verweigerte
die Annahme, schickte die Ordonnanz, die ihn zur Verlei-
hung kommandierte, weg, und ließ ausrichten: *„Ich brauche
keinen Orden. Sein Vorgesetzter soll ihn seiner Katze umhängen"*.

Mutter und ihre Geschwister berichteten, dass der Großvater
in ihrer Kinder- und Jugendzeit ein strenges Regiment im
Hause führte, Gehorsam forderte und keinen Widerspruch
duldete. Mutter erzählte oft, dass sie sich, selbst als sie längst
erwachsen und lange schon in Nürnberg »in Stellung« war,
ängstigte und nicht abschätzen konnte, wie ihr Vater reagie-
ren würde, wenn er feststellte, dass sie sich die langen Haare
kurz schneiden ließ. Deshalb behielt sie, um nicht gleich »mit
der Tür ins Haus zu fallen« und sich Großvaters Vorwürfen
auszusetzen, beim Besuch im Elternhaus, ihren Hut zunächst
auf dem Kopf. Solange, bis ihr Vater sie mit den Worten: *„Ich
weiß schon, was da drunter ist – dass deine Haare ab sind. Tu den
Koks endlich runter!"*, aufforderte, ihn abzulegen.

Großvater liebte den Nachthimmel. Wir konnten unter seiner
Anleitung bei Vollmond den »Mann im Mond« entdecken,
und er ließ uns Kinder glauben, dass es dort oben Berge gab.
Er kannte die Sternbilder und konnte sie genau erklären. Gerne
beschäftigte Großvater sich mit Naturmedizin, las in Büchern
darüber, sammelte Blüten, Wurzeln, Blätter und Kräuter, mischte
daraus einen wohlschmeckenden Haustee und spezielle Tees für
allerlei Wehwehchen. Er setzte Arnikatinktur, Ameisenspiritus
und Johanniskraut-Öl an und schwor auf die Heilkraft seiner
Meerzwiebeln, die auf allen Fensterbänken in Töpfen herumstanden. Manche Leute behaupteten, dass er ein Visionär wäre.
Was man darunter verstand, wusste ich damals nicht.

An einem bestimmten Wochentag traf Opa sich am Abend mit Kameraden zum Dämmerschoppen reihum in einem der zahlreichen Wirtshäuser unserer kleinen Stadt.

Uns Enkelkindern konnte er nur wenig Zeit schenken. Denn neben seiner Schusterei, mit der er schlecht und recht den Lebensunterhalt verdiente, war er mit dutzenderlei anderen Arbeiten eingedeckt. Ausbesserungsarbeiten im, am und ums Haus gab es genug. Feuerholz musste beschafft, gesägt und gehackt und ein kleiner, gepachteter Acker bestellt werden. Im Frühling und Herbst wartete alljährlich die harte Arbeit des »Stöcke kloben« im Wald. Dabei wurden die großen Wurzelstöcke der umgehauenen Bäume, mit spitzen Haken, mühevoll aus dem Erdreich gegraben. Und nicht wenige Tage im Jahr war Großvater mit einem riesengroßen Rucksack in den Landgemeinden auf Stör (Lohnarbeit) unterwegs. Während dieser Zeit hielt er sich, je nach Arbeitsaufwand, bisweilen länger in den Bauernhäusern in der Umgebung auf.

Doch ab und zu nahm uns der ernste Mann auf den Schoß, machte »Hoppe, Hoppe Reiter« und »Engelchen flieg« mit uns und piff oder sang uns ein lustiges Kinderliedchen vor. Und manchmal hatte er auch eine phantastische Geschichte parat.

Die »Großen« sagten, ich sei Opas Liebling gewesen. Mag sein, ich liebte ihn sehr und war unsagbar traurig, als er im Oktober 1949, fünf Tage vor seinem 73. Geburtstag starb.

Meine Großmutter (mütterlicherseits)

Meine Großmutter, Maria Kern geb. Hiemeyer, wurde am 8. Februar 1877 in Rißmannschallbach, einer Gemeinde im ehemaligen Landkreis Feuchtwangen geboren und starb, 85 Jahre alt, am 2. September 1962 in Feuchtwangen.

Sie heiratete am 20. März 1906 in Feuchtwangen den Schuhmachermeister Karl Kern, der am 11. Oktober 1949 verstarb. Beide hatten fünf Kinder, zwei Buben, Karl und Wilhelm, drei Mädchen Margarete, Karoline und Marie und zwölf Enkelkinder, Karl, Erika, Renate, Anni, Renate, Linda, Hannelore, Cornelia, Margot, Renate, Elfi und Cornelius. Eine der Enkelinnen, Renate, kam bei einem bedauerlichen Unfall – sie stürzte im Alter von vier Jahren aus dem fünften Stockwerk – ums Leben. In den Jahren 1943 bis 1956 lebten, bis auf eine Enkeltochter, alle ihre Enkel am Ort. Zweiundsechzig Jahre war meine Großmutter alt, als ich geboren wurde.

Denk ich an sie, dann muss ich nicht lange überlegen, wie sie aussah. Auch kein Foto von ihr zu Hilfe nehmen. Lebendig und unvergessen, drängt sich ihr Bild in meine Erinnerung. Oma war eine mittelgroße, schlanke Frau mit knochigem Körperbau. Sie hatte ein rundliches Gesicht, einen schmalen Mund und wasserblaue Augen. Wenn sie lächelte, wurden zwei kecke Grübchen an den Mundwinkeln sichtbar. Die kleinen, kräftigen Hände waren rau und abgearbeitet und es kratzte ein wenig, wenn sie mich streichelte. Ihr schneeweißes, dünnes Haar trug sie mit Mittelscheitel, im Nacken zu einem dünnen Zopf geflochten, am Hinterkopf mit feinen Haarnadeln zu

einem Knoten zusammengehalten. Großmutters Garderobe war einfach und unauffällig, ohne den heutigen Charme.

Elegant und beeindruckend waren für sie nur die feinen Damen, doch dazu zählte sie sich nicht. Sie wählte gedeckte Farben für ihre wenigen Kleider, Röcke und Blusen. Die Strümpfe waren aus Baumwolle gewirkt und die warme Unterwäsche biebern. Auch ihre Hemden waren angeraut, oder, wie ihr Sterbehemd, das sie in der untersten Schublade der Kommode aufbewahrte, aus grobem weißen Leinen gewebt. Im Freien trug sie, wie ihre Nachbarinnen, Babette Köhler, Mina Kohn und Frieda Hauck, ein Kopftuch zum Schutz vor Sonne, Wind und Kälte, wollig warm im Winter, luftig und hell im Sommer. Ihre Füße steckten im Haus in honigfarbenen, braunkarierten Filzpantoffeln, die sie im Winter durch graue, warmgefütterte Filzstiefelchen, die mit Klemmspangen geschlossen wurden, tauschte.

Solange ich Großmutter kannte, hatte sie ein offenes Bein, eine tiefe Wunde oberhalb vom Knöchel, die selten kurzfristig zuheilte. Das tat mir so leid. Ohne zu klagen, behandelte Oma tagtäglich die nässende Wunde, machte Umschläge mit essigsaurer Tonerde, trug Salbe auf und umwickelte ihren Fuß mit Mullbinden.

Ich hatte Oma gern. Wir alle hatten sie gern. Deshalb besuchten wir Enkelkinder sie fast täglich. Wir schätzten es, dass der große »Scheiraplatz« (Scheunen) in Sichtweite des Hauses, ein ideales Spielfeld für uns war. Dort konnten wir uns mit den Kindern aus der Nachbarschaft so richtig austoben. Spielten wir Zehnerball, Völkerball, Fangen, Verstecken oder Räuber und Gendarm, und bekamen Durst dabei, dann wussten wir, dass auf dem Hocker neben Omas Küchenherd ein riesiger, mit schwarzem Malzkaffee gefüllter, dunkelblauer Email-letopf stand, an dessen Rande ein Suppenschöpfer hing.

Oft begleitete ich Oma, wenn sie Zeit dafür fand, zum Gottesdienst in die Stiftskirche. Das erste Mal, als ich gerade einmal vier Jahre alt war. Erinnern kann ich mich nicht daran, aber als man mich fragte, wie es in der Kirche gewesen sei und wie der Pfarrer ausgesehen habe, soll ich, sehr beeindruckt, „ganz himmlisch, alles war ganz himmlisch", geantwortet haben.

Ich erinnere mich an ein schweres Gewitter. Ich war elf, vielleicht auch schon zwölf Jahre alt. Mit etlichen meiner Kusinen spielte ich vor dem Haus, als plötzlich dunkle Wolken

aufzogen und fern noch, Donner grollte. Wind kam auf. Draußen wurde es ungemütlich und wir gingen ins Haus. Es dauerte auch gar nicht lange und ein heftiges Gewitter fing an
zu toben. Blitz um Blitz zuckte in rascher Folge. Regen pras-
selte, der Wind heulte und gewaltige Donnerschläge machten
einen Höllenlärm. Obwohl es erst mitten am Nachmittag war,
war es plötzlich finster geworden in der Stube. Verängstigt
saßen wir dichtgedrängt mit Oma auf dem Kanapee. Großmutter beruhigte uns, strich uns sanft über die Haare und
schickte unentwegt Bittgebete – wie sie sich ausdrückte –
zum Himmelsvater und bedankte sich bei ihm, als die Gefahr
vorüber war. Wir Kinder wurden ruhig und vertrauten darauf, dass wir bei Oma geborgen waren.

Wie liebte ich es, an lauen Sommertagen, am Feierabend in
der Dämmerung, zusammen mit der Großmutter und ihren
Nachbarinnen auf der Bank vor dem Haus zu sitzen. Schien

die Sonne länger auf die gegenüber liegende Straßenseite, dann hockten wir alle auf der Hausbank der alten »Köhlerin«. Die Frauen erzählten sich von den Ereignissen des Tages und plauderten über die Neuigkeiten aus dem Städtchen. Ich sah den Schwalben zu, die letzte Runden flogen, den Tauben die ihren Schlag suchten, freute mich am Abendrot und sah die Sonne hinter den Türmen der Stifts- und der Johanniskirche untergehen.

Unvergessen aus den Kindertagen ist mir eine Begebenheit geblieben, die mich immer wieder neu berührt. Oma war seit etlichen Tagen krank. Schon seit Opas Tod stand ihre Bettstatt, mit der sie von der kalten Schlafkammer in die Wohnstube umgezogen war, unter dem Fenster zur Straße. Linda und ich – bereits Schulkinder – brachten ihr das Abendessen. Damit Oma nicht aufstehen und zur Haustüre laufen musste, klopften wir ans Fenster und knieten uns auf die Bank vor dem Haus. Oma öffnete das Fenster, und während sie aß, plauderten wir mit ihr. Ein warmer Herbsttag kam zur Ruhe. Die Dämmerung verlor sich langsam im Finstern. Groß stand schon der Vollmond über den Kastanienbäumen – im Garten der Gastwirtschaft Ballheimer – am Himmel. Und Oma fing mit leiser Stimme zu singen an: *„Guter Mond, du schleichst so stille durch die Abendwolken hin…".* Uns gefiel, das *„schleichst so stille".* Wir kicherten und konnte es uns nicht verkneifen, Großmutter zu sagen, dass es *„gehst so stille"* heißt.

Oma war eine Fundgrube tadelloser Eigenschaften. Rechtschaffen, fleißig, warmherzig, gütig, bescheiden, zufrieden und fromm. Sie lebte mit jeder Frau, jedem Mann im Frieden. Sie tratschte nicht, und sagte niemandem etwas Schlechtes nach. Schalt sie mit uns Kindern, wenn wir nicht folgsam waren, geschah dies mit ruhigen Worten und nie ohne uns zu erklären, warum unser Verhalten nicht Recht war.

Während ich mich an Großmutter erinnere, sie und ihre Eigen-schaften schillernd beschreibe, meldet sich die Frage, was es Negatives an ihr gab. Habe ich ihr Wesen in kindlicher Fan-tasie verzaubert, aus der Perspektive des Kindes Unangeneh-mes nicht wahrgenommen? So sehr ich mich auch bemühte, den Schatten zu finden, es will mir nicht gelingen. Dabei kom-men mir Zeilen aus Friedrich Schillers »Kraniche des Ibykus« in den Sinn. Dort heißt es: „Wohl dem, der frei von Schuld und Fehle, bewahrt die kindlich reine Seele…". Ich glaube fest, Großmutter hatte diese »kindlich reine Seele«. Oma war eine ungewöhnliche Frau. Im Himmel, an den wir glauben, hat sie ganz sicher ihren Platz gefunden.

Meine Großeltern (väterlicherseits)

Als ich geboren wurde waren meine Großeltern schon lange tot. Außer ihren persönlichen Daten und einem einzigen alten Familienfoto ist mir nicht viel aus ihrem Leben bekannt. Ich betrachte das Familienbild, das vor mir liegt. Großvater sitzt, vornehm gekleidet, die sicher goldene Uhrkette in Positur gebracht, auf einem Stuhl im Fotoatelier. Ein groß gewachsener Mann mit selbstbewusstem Blick, kurz geschnittenem Haar und spärlichem Schnurrbart. In der Mitte des Bildes stehen seine beiden Kinder, mein Vater, Kurt Alfred, und seine Schwester Frieda. Daneben sitzt die Großmutter, Großvaters zweite Frau, groß, ein wenig füllig, das dunkle Haar aufgesteckt, elegant bekleidet mit heller Bluse und dunklem Rock.

Mein Großvater, Carl Moritz Hager,wurde am 26. Mai 1867, als Sohn des Bürgers, Gold- und Silberarbeiters und Juweliers Karl Hager und dessen Ehefrau Anna Emilie Minna, geb. Planer, in Dresden geboren. Die Familie wohnte in der Dresdener Moritzbergstraße 20. Der noch vorhandene Stammbaum seiner Familie reicht bis in das 16. Jahrhundert zurück.

Welche Umstände den erwachsenen Carl Moritz nach Franken führten? Wer weiß es!

Der junge Installateur Carl Moritz Hager heiratete, 25 Jahre alt, am 05. November 1892 Katharina Margaretha Weidinger, geboren am 30. April 1864 in Hüttenbach/Simmelsdorf (Nürnberg Land). Im Städtischen Gaswerk in Nürnberg verdiente der »Sachse«, wie er dort nach mündlicher Überlieferung genannt wurde, als Werkmeister den Unterhalt für seine Familie. Bei der Geburt seines dritten Kindes starb seine Frau und das Neugeborene. Er heiratete ein zweites Mal. Die Stiefmutter meines Vaters und seiner Schwester Frieda, Babette Hager, geb. Winter, lebte nach dem Tod meines Großvaters, der am 30. August 1927 in Nürnberg starb, bis zu ihrem Tod 1942/43, im Haushalt meiner Eltern. Vor ihrem Tod war sie lange krank. Meine Mutter, die sie pflegte, schilderte ihre Schwiegermutter – die ihr viel Mühe machte – und sich ständig bei meinem Vater über sie beklagte, als eigensinnig, schrullig und böse. Ich selbst kann mich kaum an sie erinnern, hatte wohl auch wenig Kontakt zu ihr. Sie lag, das weiß ich noch, in einem Berg Kopfkissen versunken, in einer wuchtigen Bettstatt in ihrem Zimmer. Auf einem Stuhl sitzen oder herumgehen sah ich sie nie. Gelegentlich traf ich sie, wenn ich mit meinem Dreirad, durch alle Zimmer unserer Wohnung, die durch Verbindungstüren miteinander verbunden waren, bei ihr vorbei kam. Ob ich sie lieb hatte? Als ich kurz vor ihrem Tod auf einer meiner »Dreiradrunden« wieder einmal bei ihr Halt machte, beobachtete Mutter –wie sie mir später, als ich schon älter war, erzählte – dass Großmutter mir die Hände auf den Kopf legte und mich segnete. Was sie dabei murmelte, konnte Mutter nicht verstehen. Für den Segen bin ich Großmutter dankbar. Schade, dass ich sie nicht näher kennen lernte.

Nürnberg Haslerstraße 7

Wir wohnten in einem stattlichen, vierstöckigen Mietshaus an der Ecke Haslerstraße/Gerhard-Ott-Straße, in der Nürnberger Südstadt, im Stadtteil Steinbühl. Im Erdgeschoss betrieben die Hausbesitzer, Nietsche oder Nitschke, eine Gastwirtschaft. Der Geruch von Essen und Tropfbier gehörte ebenso zum Haus wie der Treppenaufgang mit dem geschwungen Geländer, der rot gefliste Flur und die schmiedeeisernen Ornamente an den Fenstern der Haustüre. Am Gebäude befanden sich zwei Eingänge. Von der Haslerstraße aus gelangte man zu den Wohnungen. Durch die Tür an der Gerhard-Ott-Straße, kam man in die Wirtsstube und zur Gassenschenke, einer kleinen rechteckigen Durchreiche, mit einem Schiebefenster. Neben der Durchreiche hing eine Zugglocke an der Wand, die blechern schepperte, wenn man daran zog. Damals holten viele Leute ihr Bier, das der Wirt aus dem Holzfass zapfte, oft noch im Krug heim. Zehn Mietparteien wohnten im Haus. Auf jeder Etage drei Familien. Die einzelne Wohnung im vierten Stock bewohnten wir. Der breitverglaste, im Jugendstil gestaltete Korridor nahm die gesamte Breite des Stockwerks ein. Sämtliche Zimmer, außer der Küche, die sich auf der rechten Seite des Flurs befand und Großmutters Zimmer links gegenüber am anderen Ende, waren sowohl vom Flur her zugänglich, als auch miteinander durch Zwischentüren verbunden. Für mich eine famose Sache, denn so oft es mir Spaß machte konnte ich auf meinem Dreirad durch alle Räume fahren.

Hielt ich mich nicht, was sehr oft geschah, bei meinen Großeltern, den Eltern meiner Mutter, in Feuchtwangen auf,
besuchte ich einen Kindergarten in der Nähe unserer Wohnung. Ich erinnere mich ungenau an einen großen ebenerdi-
gen Raum mit Riesenfenstern, die bis auf den Boden reichten.
Auf dem erdigen, unbefestigten Hof standen ein paar Spiel-
geräte und um den Sandkasten, etliche hohe Bäume. Uns Kinder betreute eine liebe Diakonisse, die Christine hieß. Gerne
ging ich auch zusammen mit meiner Schwester Linda und
unserem Hausmädchen Marga, oder auch mit »Tante« Lina,
einer Hausbewohnerin vom dritten Stock, in den Melanch-
thon-Park.

Laut Ausreisebescheinigung vom 18. August 1943, wurden
wir, unsere Mutter und wir Kinder – ich, vier Jahre, Linda
zwei und Conni, ein Jahr alt – evakuiert. Wir fanden ab Mitte
September 1943, bis zu unserem Rückzug nach Nürnberg, im
Oktober 1956, Unterkunft in Feuchtwangen. Vater blieb bis
zum Ende des Krieges bei seiner Dienststelle in Nürnberg.
Bis wir am 02. Januar 1945 ausgebombt wurden, blieb er weiterhin in der Haslerstraße wohnen. Danach nahmen ihn seine
Schwester Frieda und sein Schwager Hans, die in der Jäckelstraße in Nürnberg-Schweinau wohnten, bei sich auf. Nach
dem Einmarsch der Amerikaner geriet er im Bunker des Poli-
zeipräsidiums in amerikanische Gefangenschaft. Aus dem Gefan-
genenlager (PWTE C1) in Böhl-Iggelheim kehrte er nach
einem langen Fußmarsch im Herbst 1945 zu uns nach Feuchtwangen heim.

Erstes Erinnern

Es war Krieg. Ich war etwa drei Jahre alt. Nahm ich wahr, was um mich her geschah? Mit »Krieg« konnte eine Dreijährige nichts anfangen. Aber ich nahm auf, was um mich herum vorging. Bedrohliches. Böses. Ich spürte es innerlich. Es machte mir Angst.

Nacht. Stockfinster. Auf den Straßen brannten keine Laternen. Sternenklar.

Sirenen heulten auf und schreckten mich aus dem Schlaf. Schrill und laut. Unheimlich. Auf und ab stieg ihr Ton. Wie spät mochte es sein?

Im Haus wurde es lebendig. Türen schlugen. Die kleine Schwester war schlaftrunken und sprachlos. Der Säugling wimmerte. Alles war in Hast, das ganze Treppenhaus in Aufruhr. Eilig drängten die Hausbewohner aus allen Korridoren. Vorwiegend Frauen. Wenige alte Männer. Die jüngeren Männer waren an der Front. Das Haus hatte vier Stockwerke. Die jungen Burschen, Schulbuben noch, schleppten Kinderwagen die Treppen hinunter in den Luftschutzkeller. Es war zu weit zum nächsten Bunker. Bald dröhnten draußen die Motoren der Flugzeuge. Angst machte sich breit.

Im Keller: Ein langer schmaler Gang, der sich zu den einzelnen Hauskellern verzweigte, nahm die Leute auf. An seinen beiden Längsseiten standen Holzbänke, ohne Lehnen. Dazwischen in den Nischen, ein paar Hocker. Auf einem kleinen

Tisch standen Kannen, Trinkbecher aus Emaille, Babyfläschchen und ein elektrischer Kocher. Der Kocher faszinierte mich. Ganz deutlich sehe ich ihn noch heute vor mir. Er war rund, sah aus wie ein Tiegel ohne Deckel und gerade so groß, dass ein Topf auf ihm Platz fand. Die Platte war aus naturfarbenem Ton gebrannt. Sie hatte rundum Rillen, in die metallene Heizspiralen eingelegt waren. War der Kocher eingeschaltet, leuchteten sie glutrot und wurden heiß. Auf ihm wurde Wasser gekocht, um Tee und Kaffee aufzubrühen und die Trinkfläschchen zu erhitzen. Gott sei Dank es gab Strom. Fast lautlos lief alles ab.

Wir alle – die Hausbewohner, vielleicht auch ein paar Nachbarn und Fremde – saßen uns im Kellergang gegenüber. Es war sonderbar ruhig. Nur vereinzelt fielen ein paar Worte. Einige falteten die Hände und beteten still. Alle warteten auf Entwarnung. Von draußen drangen Donnerschläge und Geräusche zu uns nach unten. Ab und zu schaute ein Mann – es war immer derselbe – nach oben, hinaus auf die Straße. Er kam wieder und berichtete, dass es an vielen Stellen der Stadt brannte. „Sie werfen Christbäume!" sagte er. „Warum freut sich denn keiner?", dachte ich. Das Sitzen im Keller kam mir wie eine Ewigkeit vor. Ich war müde und doch hellwach. Endlich! Die Sirenen heulten erneut. Entwarnung!

Entspannung war fühlbar. Bewegung kam in die Gruppe. Wir konnten in unsere Wohnungen zurück.

Als »kleines Kind« kannte ich weder Gründe noch Zusammenhänge. Doch ich empfand, was um mich herum vor sich ging, behielt es im Gedächtnis und konnte das Erlebte noch nach vielen Jahrzehnten sehr genau beschreiben. Und, es erschreckt mich heute noch, wenn Sirenen aufheulen.

Allein Daheim mit den Geschwistern

„Ich muss noch einmal kurz weg, bei Tante Marie etwas abholen", sagte Mutter nach dem Abendessen. *„Seid brav und macht keinen Unfug. Ich will nichts hören. Ich bin bald wieder da."*. An mich richtete sie den Auftrag: *„Anni, du passt mir auf die Kleinen auf!"*. Sie wusste, dass sie sich auf ihre Große verlassen konnte. Auf meine immerhin schon fünfeinhalb Lebensjahre war ich auch mächtig stolz und übernahm die Aufgabe gerne. Linda war dreieinhalb und Cornelia war im Sommer zwei Jahre alt geworden. Seit fast einem Jahr, seit wir aus Nürnberg evakuiert wurden, wohnten wir schon mit Mutter im Hinterhaus eines Textilwarengeschäftes am Vorderen Spitzenberg 30b, in Feuchtwangen.

Es war Krieg in Deutschland und in der Welt. Noch war unser Zuhause in Nürnberg nicht zerstört. Vater arbeitete dort in seiner Dienststelle im Polizeipräsidium und besuchte uns, so oft es ihm möglich war. Mitunter aber sahen wir ihn wochenlang nicht.

Es war früher Abend. Achtzehn, vielleicht auch erst siebzehn Uhr. Nicht mehr lange, bis es hieß: *„Ab ins Bett"*. Mutter war um diese Tageszeit immer da. *„Wenn sie uns jetzt allein ließ, musste es etwas Wichtiges sein"*. Es war Spätherbst 1944. Bald würde es Winter werden. Die Fenster waren, wie allabendlich, längst vorschriftsmäßig verdunkelt. Der Himmel war bedeckt, es war diesig und schon finster, als Mutter aus dem Haus ging. Mit ihrer kleinen Taschenlampe fand sie sich gut zurecht. Sie kannte sich aus in der Stadt. Sie war hier geboren und aufgewachsen. Wir Kinder spielten noch ein wenig. Aber bald krochen wir müde aufs Sofa. Nicht lange und die Kleinen waren eingeschlafen. Ich holte die warme Wolldecke, wickelte sie damit ein und setzte mich wieder zu ihnen. Mir war langweilig. Der alte Regulator schlug die Stunden an. Die Turmuhr der Stiftskirche ebenfalls. Achtmal. Ich hatte mitgezählt, das konnte ich schon. Acht Uhr? Mama müsste längst zurück sein. *„Wo sie nur so lange bleibt?"* Zu Tante Marie war es nicht weit. Etwa zehn, vielleicht auch fünfzehn Gehminuten von unserer Wohnung entfernt, wohnte sie mit ihrer Familie beim Friedhof, am südlichen Ortsende.

Es war still, drinnen und draußen. In Gedanken lief ich mit Mutter durch die Nacht und malte mir aus, wie sie jetzt gerade von Tante Marie weg ging. Ein winziges Stück lief sie noch die Ringstraße entlang, bog aber bald in den Sandweg ein, der links zur Kinderschule führt. Sie lief nach rechts zur Spitalstraße, in der wir beim Bäcker Opitsch unser Brot kauften. Nachdem sie die Straße überquert hatte, kam sie noch einmal kurz in die Ringstraße. Dann ging sie über den Scheunenplatz zur Museumsstraße, kam am Haus von Opa und Oma vorbei, zum Hinteren Spitzenberg, der geradewegs über die Jahnstraße in den Vorderen Spitzenberg führte. Nun musste sie nur noch zwischen dem Nachbarhaus und dem Hof vom Bauern Rieter durch das große, aus Latten und Maschendraht gezimmerte Hoftor hindurch und schon war sie am Haus. Gleich würde sie die Haustüre öffnen und die Treppe herauf kommen. Ich lauschte angestrengt. Aber nichts rührte sich. Dann lief ich in Gedanken erneut los und beschäftigte mich mit einer anderen Möglichkeit, von Tante Marie zu uns zu kommen. Vielleicht, würde sie ja diesen Weg, der kaum weiter ist, nehmen. Sie lief also fast die gesamte Ringstraße entlang. Vorbei an der Polizeistelle, am Amtsgericht, am Gasthaus Ballheimer – in dem ich manchmal am Samstag einen Krug Bier für Opa holte – und dem Biergarten mit den hohen Kastanienbäumen kam sie zum roten Backsteinbau der Turnhalle. Sie folgte der Straße weiter, bis nahe ans Krankenhaus. Knapp davor zweigte Mutter links zur Stadtmauer ab. Auf dem schmalen Fußweg gelangte sie zum engen Mauerdurchlass und stieg die wenigen ausgetretenen Steinstufen hinab zum Vorderen Spitzenberg. Wieder geschah nichts. Mutter blieb aus. Immer wieder ging ich an diesem Abend abwechselnd die beiden Wegstrecken. Mama hielt was sie versprach. Was war nur geschehen? Irgendwann hielt ich das Warten nicht mehr aus, lief aus der Wohnstube, die knarrende Holzstiege des eingeschossigen Gebäudes hinunter und wagte einen vorsichtigen Blick vor die Haustüre. Mein Gott! Ich erschrak. Zäher, dichter Nebel hatte sich ausgebreitet in der pechschwarzen Nacht. So dicht, dass man wortwörtlich die Hand nicht vor den Augen sah. Nichts Außergewöhnliches in unserer Gegend um diese Jahreszeit. Hier wurde es oft urplötzlich neblig. Häufig so schlimm, dass es selbst bei Tag Mühe machte, sich zurechtzufinden. Schlagartig wurde mir klar: *„Mutter sucht den Heimweg und kann ihn nicht finden."* Aus den Häusern drang kein Lichtschein auf die Gassen, und die spärlichen Laternen in der Stadt leuchteten seit langem nicht mehr. Angst packte mich. Angst und Sorge. Was, wenn Mutter ausblieb? Unmöglich, die wenigen Schritte zu Opa zu laufen, zu Tante Marie erst recht nicht. Zu undurchdringlich war der Dunst; ganz wie an Mutters Waschtag, wenn der Kessel brodelte. Anrufen!? Ging nicht. Wer besaß damals schon ein Telefon? Ämter, Geschäftsleute und vielleicht ein paar wenige, wichtige Privatleute. Nichts konnte ich tun. Überhaupt nichts – nur abwarten.

Droben in der Stube war es kalt und ungemütlich geworden. Die letzten Holzscheite waren heruntergebrannt. Nur notdürftig erhellte die schwache Glühbirne den Raum. Übermüdet bewachte ich den Schlummer meiner beiden Schwestern und versuchte, mich wach zu halten. Angst und Pflicht halfen mir dabei. Endlich! Nach bangem Warten fiel die Haustüre ins Schloss und der Stein von meinem Herzen. Mutter war heimgekehrt. Lange war sie durch die Straßen der Stadt getappt und umhergeirrt, bis sie schließlich nach Hause fand. Durchfroren, mit klammen Kleidern und feuchtem Haar, schloss sie uns zufrieden in ihre Arme und brachte uns ins Bett. Ich weinte.

Der Weihnachtsbaum meiner Kindheit.

Leise öffnete Mutter die Tür zur Wohnstube, und wir Geschwister-Mädchen huschten, eines nach dem anderen, hinein. Im Zimmer war es dunkel. Nur das kleine Fichtenbäumchen in der Ecke, das am Morgen noch im Wald stand, tauchte die Stube im milden Schein der gelben Bienenwachskerzen, in schummriges Licht. Vater spielte auf seiner Zither und stimmte *„O Tannenbaum ...“* an. Wir sangen gemeinsam alle Strophen. *„Es ist ein Ros' entsprungen ...“*, *„Ihr Kinderlein kommet ...“*, und *„Vom Himmel hoch da komm ich her ...“*. Und zuletzt noch *„Stille Nacht, heilige Nacht ...“*. Dann wurde das elektrische Licht wieder angeknipst. Endlich war es Zeit für die Bescherung.

Jetzt sahen wir unseren Weihnachtsbaum in vollem Schmuck. Im grünen, gusseisernen Ständer, durchbrochen von den goldfarbigen Buchstaben »Stille Nacht, Heilige Nacht«, stand er auf einem Holzhocker, der vollständig unter einer mit Sternen bestickten Decke verschwunden war, und funkelte in festlichem Glanz. Viele bunte Kugeln hingen an den Zweigen, rot und golden, blau und grün, weiß und silbern. In den Kugeln spiegelten sich unsere Gesichter und das Zimmer. Ganz oben auf dem Baum saß die rote, gläserne Christbaumspitze. Das sorgfältig über die Zweige gelegte, silberfarbige Lametta sah, von oben nach unten betrachtet, wie ein kleiner Wasserfall aus. Unser Weihnachtsbaum war, wie alle Jahre wieder, wunderschön.

Opa aber hatte für uns Kinder alle Jahre den allerschönsten Weihnachtsbaum weit und breit. Den mussten wir unbedingt

heute Abend noch sehen. Gut, dass die Großeltern nur ein paar kurze Straßen weiter weg wohnten.

Der Christbaum, auch nur eine kleine Fichte, war rundum vollendet gewachsen. Großvater hatte – wie wir erst sehr viel später erfuhren – alle seine Weihnachtsbäume, seiner Vorstellung entsprechend, zum vollkommenen Baum gemacht. Störende Zweige abgesägt und dort wieder eingebohrt und eingeleimt, wo sie ihm besser gefielen. Das zierliche Bäumchen stand jedes Jahr auf der alten, verschnörkelten Kommode, gleich neben der Wohnzimmertüre an der linken Wand. Auch heuer war es prächtig herausgeputzt und verbreitete eine zauberhafte Weihnachtsstimmung. In vielen Formen und Farben leuchtete der uralte, feine Christbaumschmuck. An den leichten Fichtenzweigen bewarben sich bimmelnde Glöckchen, kleine Kirchen, Engelsgesichter, bunte Kugeln und Sterne, schlanke Vögelchen mit seidigen Schwanzfedern und niedliche Häuschen, goldene Nüsse, Tannenzapfen, Obstnachbildungen, Schneemänner und Nikoläuse um die Gunst des Betrachters. Silbrige Lamettafäden hingen zwischen halbrunden Kugeln und in der hohlen Kugel der weißen Christbaumspitze schaukelten drei winzige Glöckchen. Viele bunte Regenbogenfarben schillerten am Baum, der so herrlich nach Fichtennadelbad-Brausetabletten duftete. Die kleinen Flammen der Christbaumkerzen flackerten warm und ruhig auf ihren Klemmhaltern und rochen angenehm nach schmelzendem Wachs.

Jahre später

Ich war inzwischen vierzehn Jahre alt geworden. Die Weihnachtsfeiertage, Silvester, Neujahr und Heilig-Drei-König waren vorüber. In unserer Familie war es üblich, bevor der Christbaum abgeleert wurde, die Kerzenstummel noch ein letztes Mal anzuzünden. Wir saßen zusammen mit den Eltern im

finsteren Wohnzimmer, sangen noch einmal unsere Lieb-
lings-Weihnachtslieder und sahen zu, wie die Reste der zwölf
Baumkerzen langsam völlig niederbrannten. Dann war es
still. Allmählich verlöschte eine Kerze nach der anderen. Ein
letztes Licht brannte besonders lange. Bald war nur noch ein
schwacher, heller Punkt zu sehen. Dieses winzige Licht ins-
pirierte mich zu einem Gedicht. Als das kleine Flämmchen
vollständig verglimmt war und sich einer von uns zum Schal-
ter tastete, um das Licht wieder anzumachen, hatte ich die
Verse im Kopf:

Wenn nur ein Funke von der
hoffnungsvollen Zeit,
durchwebt vom
Hauch der Ewigkeit,
in unsren Herzen bleibt zurück,
so finden wir ein kleines Stück
der alten Weihnacht wieder.
Der Weihnacht,
da zu Bethlehem
das Licht uns ward gebracht,
da allen Menschen Friede ward,
in jener Heil'gen Nacht.
Und wenn nur noch ein Funke
wirft einen matten Schein,
schließt dieses Flämmchen doch
ein Stückchen Weihnacht
in uns ein.

Der 2. Weltkrieg ist zu Ende. Ich komme in die Schule

Mai 1945. Deutschland hatte kapituliert. Der Krieg war zu Ende, und die aus den Fugen geratene Welt begann, sich neu zu ordnen. In der Kleinstadt Feuchtwangen, in der ich seit der Evakuierung aus Nürnberg Mitte 1943 lebte und aufwuchs, gab es keine zerstörten Häuser zu beklagen. Wenn die Sirenen heulten, dann überflogen die Bomber »Gott sei Dank« nur die Stadt, ohne ihre vernichtende Fracht abzuwerfen, wie es in den mittelfränkischen Orten Rothenburg ob der Tauber, Ansbach und Crailsheim, geschah. Nur vereinzelt wurden auch hier bei uns in der Umgebung Bauern bei der Feldarbeit von Tiefffliegern angegriffen. Und nun war alles vorbei.

Kapitulation und Kriegsende. Wir Kinder begriffen nicht so recht, was das bedeutete, spürten aber die Veränderungen um uns herum. Die Leute redeten zwar viel über den Krieg. Erzählten von einer Zeit vor dem Krieg und von Dingen, die noch aus der Friedenszeit stammten. Im Krieg geboren, kannten wir Kinder keine andere Zeit und kein anderes Leben. Wir empfanden seinen Schrecken allenfalls am Verhalten der Erwachsenen. Dann, wenn sich ihre Ängste, Furcht und Sorgen auf uns Kinder übertrugen.

Und nun war auf einmal, plötzlich über Nacht, alles anders geworden. Auf den Straßen und in den Gassen waren schmutziggrüne Autos, »Jeeps«, unterwegs, und am Marktplatz und an den Ausfallstraßen trafen wir auf Panzer. So, wie diese seltsamen, monströsen Fahrzeuge uns beunruhigten, zogen sie dennoch unsere Neugierde auf sich. Fremde Menschen, amerikanische Soldaten, bevölkerten die Stadt. Sie redeten eine uns unverständliche Sprache, die sich wie wirres Kauderwelsch anhörte und schenkten uns Schokolade und Kaugummis, die nach Pfefferminz schmeckten. Dunkelhäutige Menschen, »Neger«, die bisher nur unsere Bilderbücher belebten, waren schlagartig leibhaftige Menschen, die wir anfassen konnten. Nachts gab es Ausgangssperren und, wer zu den festgesetzten Zeiten abends den Heimweg nicht mehr schaffte, musste sehen, wie er – am besten auf Schleichwegen – an den bewaffneten Posten vorbei kam. Die rationierten Lebensmittelmarken, die allmonatlich verteilt wurden, reichten kaum für das Nötigste und vor den Lebensmittelläden, der Milchstelle, beim Bäcker und den Metzgereien bildeten sich täglich Menschenschlangen. Es dauerte eine Ewigkeit, bis man an der Reihe war. Das lange Anstehen und die kärglichen Mahlzeiten, Grießbrei und Haferbrei, gekocht mit dünner, bläulich schillernder Magermilch, saures Kartoffelgemüse, Brotsuppe und Bratkartoffeln ohne Fett, mit etwas Wasser in der Pfanne, mehr schwarz als braun geröstet und andere vitamin- und fettarme Speisen, sorgten regelmäßig dafür, dass ich beim Anstehen und auch sonst zuweilen aus der Reihe kippte. Für alle lebenswichtigen übrigen Dinge, die heute als »Non Food« Artikel bezeichnet werden, ergatterte man mit etwas Glück einen der begehrten Bezugsscheine. Auf dem verbotenen Schwarzmarkt besorgten sich manche Menschen Dinge, von denen wir nur träumen konnten. Lediglich einen Teil unserer Zuckermarken tauschte Mutter regelmäßig für Brotmarken oder ein paar Münzen ein.

So sehr mich dieser Umschwung und all das Neue auch beschäftigten, so sehr galt meine Aufmerksamkeit einem anderen Ereignis, auf das ich mich schon lange unbändig freute, das alles andere in den Schatten stellte.

Mit dem Sommerfest verabschiedeten die Kindergartentanten Hanna und Marie ihre »großen« Schützlinge. In ihrer Obhut fühlte ich mich immer wohl, doch jetzt lockte die »große Schule«. Nicht mehr lange, und ich war ein Schulkind. Der gelbbraune, abgeschabte Lederranzen, den vor mir schon einige ABC–Schützen auf dem Rücken trugen, lag bereit für seinen Einsatz. Ungeduldig wartete ich darauf und fragte: *„Mama, sag, wann fängt die Schule endlich an?"* *„Jetzt sind erst einmal sechs Wochen große Ferien"*, bremste Mutter meinen Eifer, *„jetzt haben wir Sommer. Im Herbst, im September, wenn die Blätter langsam bunt werden, dann fängt sie an"*.

Im September. Wann war bloß September? So fieberte ich Woche um Woche dem Schulbeginn entgegen. Ich würde keinen weiten Schulweg haben. Das Schulhaus, ein langes, dreigeschossiges Gebäude in der Altstadt, gleich neben dem Forstamt in der Hindenburgstraße 7, die vom Marktplatz zum Oberen Tor verläuft, war nur einen Katzensprung von unserer Wohnung am Vorderen Spitzenberg entfernt. Zwei mehrstufige Treppen führten, links und rechts an der Längsseite des Hauses, zum Eingang im ersten Stockwerk. Die Treppen gibt es heute nicht mehr. Sie mussten in den fünfziger Jahren dem Gehsteig weichen. Der Eingang wurde ebenerdig verlegt. Das inzwischen denkmalgeschützte Haus wird schon lange nicht mehr als Schule genutzt.

Der Weg führte mich beim Einkaufen oft an der geheimnisvollen Schule vorbei. Ich hüpfte die vielen ausgetretenen Stufen auf der einen Seite hinauf. Oben, am Geländer, blieb ich ein wenig stehen. Spähte durchs Schlüsselloch der massiven, hölzernen Eingangstüre und hoffte, etwas von dem, was da drinnen verborgen war, auszukundschaften. Eine Weile sah ich dem Treiben auf der Straße zu, bevor ich die Treppen auf der anderen Seite wieder hinunter hopste. Mir gefiel dieses blass ziegelrote Haus. Nicht mehr lange, und die Tür wird für mich offen sein. Ich plagte Mutter weiterhin mit meiner Fragerei:

„Wann geht es denn nun endlich los?" Wie oft sie mir auch vorhielt:

„Hab's doch nicht so eilig. Du kommst noch früh genug hin. Dort warten viele Pflichten auf dich, und du hast nicht mehr soviel Zeit zu spielen." Ich konnte es trotzdem kaum erwarten.

„Das ist mir egal! Ich will endlich in die Schule!" hielt ich Mutter stets entgegen. Verständlich, dass sie heilfroh war, als ihre kleine Nervensäge endlich »einrückte«. Das Wort »Schultüte« tauchte in meinem Wortschatz nicht auf und so vermisste ich sie auch nicht. Ich weiß nicht, ob es damals bei meinem Schuleintritt überhaupt welche gegeben hat.

Mein Erstes Schuljahr

Der Ernst des Lebens, der Riesenschritt in einen neuen Lebensabschnitt. Er begann an einem frühen Montagmorgen Ende September 1945, mit dem Kirchgang in der nahen Johanniskirche. Was für ein aufregender Tag! Mit mir wurden sehr viele Kinder eingeschult, allein zweiundvierzig Mädchen. Aus unserem Jahrgang 1938/1939 bildeten sich zwei große Klassen, eine Mädchen- und eine Knabenklasse. Auch die Landkinder, die in Stadtnähe wohnten und keine eigene Dorfschule hatten, waren mit uns zusammen. Wir Erstklässler-Mädchen bekamen Fräulein Neidhard als Lehrerin. Ich kannte sie vorher nicht. Umso angenehmer empfand ich es, dass mir die meisten ABC-Schützen bereits vom Kindergarten oder aus der Nachbarschaft bekannt waren.

Fast ehrfürchtig saßen wir an unserem ersten Schultag, immer zwei nebeneinander, auf den schmalen Schulbänken. Viele Tische hatten schmutzige Tintenflecke, Kleckse aus den Tintenfässchen, die sich in vielen Schuljahren tiefblau und schwarz ins ausgebleichte, faserige Holz gesogen hatten.

Neugierige Kinderaugen blickten zum Pult, das erhöht, neben der großen Tafel, vorne im Klassenzimmer stand. Respektvoll und ein wenig schüchtern ruhte unser Blick auf unserem Fräulein. Unsere Lehrerin war eine große, fast dürre Frau; ihr glattes Haar schon ergraut. Sie erinnerte uns ein wenig an unsere Großmütter. Ihre warme, wohlklingende Stimme wirkte beruhigend auf uns, und wir fassten rasch Zutrauen. Mit ihrem gütigen Wesen eroberte sie unsere Herzen sozusagen im Sturm. Fräulein Neidhard war nicht streng zu uns. Trotzdem hatte sie alles fest im Griff. Oft wunderten wir uns darüber, dass ihren Augen nichts verborgen blieb. Tadelte sie uns, dann tat sie es behutsam und verständnisvoll. Lobte sie uns, verschenkte sie hin und wieder Fleißbildchen, um die wir uns eifrig bemühten. Ich weiß nicht, wie alt sie damals gewesen war. Alt! Jedenfalls für uns Sechsjährige. Wir lernten emsig und wussten bald, dass fünf Äpfel und zwei, sieben Äpfel und sechs Birnen weniger zwei, vier waren. Mit Hingabe schoben wir die farbigen Holzkugeln auf den Rechenständern hin und her und malten die Buchstaben aus der bunten Fibel mit kratzenden, grauen Griffeln quietschend auf unsere Schiefertafeln. Stotternd buchstabierten wir die ersten Worte und lernten ganz allmählich lesen.

Im strengen Winter 1945/46 konnte das große Klassenzimmer mit den vielen Fenstern immer seltener ausreichend beheizt werden. Die Wärme maß sich an dem, was die Schülerinnen an Holz, Kohle und Briketts aus dem ebenfalls schmalen, häuslichen Vorrat in die Schule mitbrachten. Der kleine eiserne Kanonenofen, der in der Mitte des hinteren Raums stand, konnte uns deshalb nicht wirklich wärmen. Das Schulhaus aus dem Jahr 1860 in der Hindenburgstraße 7 (ein dreigeschossiger, traufständiger Satteldachbau mit Geschossgliederung, der heute unter Denkmalschutz steht), in dem Mutter schon das Einmaleins lernte, hatte dicke Mauern, die genau so rasch auskühlten wie wir. Selbst bei angezogenen Wintermäntelchen froren wir oft im Klassenzimmer.

Es mag an jenem bitterkalten Winter, vielleicht auch an den Mangelerscheinungen der »Schlechten Zeit«, gelegen haben, dass in diesem Nachkriegswinter viele Kinder krank wurden. Etliche hatte es besonders schlimm erwischt. Auch ich war unter ihnen. Wenige Tage bevor ich erkrankte, durfte ich mit Vater, der sich in bestimmten Zeitabständen, wegen seiner

Wiedereinstellung, bei seiner Dienststelle melden musste, von Feuchtwangen nach Nürnberg fahren. Um fünf Uhr früh saßen wir zusammen mit noch ein paar Leuten auf einer schmalen Bank ohne Lehne auf dem Lastwagen, der einem hiesigen Kaufmann gehörte. Er nahm uns kostenlos mit. In Nürnberg angekommen ließ mich Vater bei seiner Schwester, die im Stadtteil Schweinau in einem der unzerstörten Straßenbahner-Häuser, in der Jäckelstraße 31 wohnte, zurück, bevor er sich in die Innenstadt, die nur noch aus Ruinen bestand, aufmachte. Wir blieben noch einen Tag bei Tante Frieda und Onkel Hans und fuhren am nächsten Abend vom Bahnhof Nürnberg-Schweinau, mit der Eisenbahn nach Feuchtwangen zurück. Wie Heringe in der Sardinenbüchse saßen wir eingepfercht im stickigen Mief des überfüllten Abteils. Schon während der Heimfahrt plagten mich Halsschmerzen. Später, zu Hause, bekam ich hohes Fieber. Am Tag darauf wurde ich mit Diphtherie ins Behelfskrankenhaus, eine Baracke unweit des seinerzeit überfüllten Krankenhauses, dort, wo später der Neubau der Volksschule errichtet wurde, eingewiesen. Hier war ich in einem Raum mit zwei weiteren Kindern und einigen jungen Frauen untergebracht. Sie kümmerten sich mit den Rot-Kreuz-Schwestern hilfsbereit um uns Kleine. Die Frauen vertrieben sich die Langeweile bis zu ihrer Genesung mit Singen, Basteln und Handarbeiten. Aus bunten Wollresten stöpselten sie mit ihren Strickliesen flauschige, bunte Wollschnüre. In Kreise gelegt, zusammengenäht und mit Stoffresten ausgefüttert, wurden daraus hübsche Taschen. Mit farbigen Garnen häkelten sie Blumenkarten aneinander und fertigten daraus Buchhüllen, Einbände und kleine Lampenschirme. Manchmal erzählten sie uns lustige Geschichten oder lasen Märchen vor. Mit viel Geschick und Tricks ermunterten sie uns alle Tage und brachten es fertig, dass wir außer Lindenblütentee, der viel besser schmeckte, auch den widerlichen Salbeitee tranken. Wenn uns Heimweh plagte, trösteten sie uns. So verging die Zeit. Sechs lange Wochen Isolation.

Der Umgang mit der Welt »vor den Barackenwänden«, mit Mutter, den Geschwistern und Verwandten, begrenzte sich lange Zeit auf den Blickkontakt durchs Fenster. Vater, den ich angesteckt hatte, lag auf derselben Station und erholte sich nur langsam.

Als die Ansteckungsgefahr vorüber war und Mutter mich am Bett besuchen durfte, war eine meiner ersten Fragen:
„Mama, wann darf ich hier raus? Der Doktor sagt, dass ich bald gesund bin. Wann darf ich endlich wieder in die Schule gehen?" *„Ja"*, sagte Mutter ernst, *„vorerst noch lange nicht. Wenn du heimkommst, wirst du noch im Bett bleiben müssen und ..."* *„Und was?"*, fiel ich ihr ins Wort.
„Deine Lehrerin hat mit mir gesprochen. Sie meint, du bist so zart und solltest Anstrengungen vermeiden. Und es wohl besser ist ..." *„Was ist besser?"*
„Besser ist, wenn du das Schuljahr wiederholst."

Das traf mich tief. Ich fühlte meine Augen feucht werden und dicke Tränen über die Wangen kullern. Verzweifelt rief ich: *„Nein, bloß das nicht!" Ich bin doch sooo gut!" „Begreif doch"*, sagte Mutter sanft, *„deine Klassenkameradinnen haben inzwischen viel gelernt. Da kommst du doch gar nicht mehr mit."*

Ich wollte Mutter gerne glauben, konnte es aber nicht fassen, dass ich die Klasse wiederholen sollte. Uneinsichtig beharrte ich auf meinem Vorhaben: *„Ich will aber in meine Klasse zurück. Ich will bei meinen Freundinnen bleiben. Bitte!"*, flehte ich Mutter an, *„bitte sprich doch noch einmal mit Fräulein Neidhard."*

Mutter hatte tatsächlich noch einmal mit ihr gesprochen und überraschte mich eines Tages mit der Nachricht, dass meine Lehrerin, es mit mir versuchen wollte weil ich es mir so sehr wünschte. In diesem Augenblick hätte ich die Welt umarmen mögen. Die Freude hielt jedoch nur so lange, bis Mutter weiter sprach:

„Fräulein Neidhard möchte dir Nachhilfestunden geben." „Dann wird es also nichts", sagte ich leise und bitter enttäuscht. *„Schade, dass wir kein Geld dafür haben."*

„Du hast recht Anni, wir könnten deine Lehrerin wirklich nicht bezahlen. Aber denk dir nur, Fräulein Neidhard gibt sie dir zuliebe ganz umsonst."

Jetzt war meine kleine Welt wieder heil. Jetzt freute ich mich, drückte Mutter ganz fest und umarmte sie ungestüm, stellvertretend für die ganze Welt. So kam es, dass das liebe Fräulein Neidhard viele Nachmittage an meinem Krankenbett saß und mit mir lernte. Eines Tages konnte ich in die Klasse zurückkehren und am Ende des Jahres mit einer guten Beurteilung versetzt werden. Nicht nur ich, wie ich erst viel später erfuhr, profitierte von Fräulein Neidhards Güte und Fürsorge. Sie bemühte sich mit Erfolg um mehrere meiner Mitschülerinnen. Lediglich für ein Dankeschön.

Im zweiten Schuljahr unterrichtete uns das junge, schöne Fräulein Nürnberger. Unsere »alte Lehrerin« übernahm, zu unserem Leidwesen, wieder die nächste erste Klasse.

Mein Klassenzimmer

Um in das Klassenzimmer zu kommen, in dem ich 1945 bis 1947 und 1948 bis 1952, im ersten und vom dritten bis siebten Volksschuljahr unterrichtet wurde, musste man die ausgetretenen, knarrenden Stufen der engen Holztreppe hinaufsteigen in den ersten Stock. Durch die Fenster, auf der linken Flurseite im Obergeschoss, konnte man auf den Schulhof sehen. Auf der rechten Seite führten mehrere Türen zu den einzelnen Klassenräumen.

Vor der ersten Türe mache ich Halt. Hier war meine Klasse. Ein breiter Rahmen umrandete vier rechteckige Felder, die sich leicht aus der Füllung der rotbraunen Zimmertüre hervorhoben. Das Schlüsselloch steckte in einem länglichen, schwarzen, aus Eisen geschmiedeten Zierbeschlag und die nach oben gebogene Türklinke endete in einer kleinen, dicken, ovalen Platte. Die dunkel geölten Bretter im Flur setzten sich im Fußboden des Klassenzimmers fort.

Im Innern des Raums, über der Tür, hing ein dunkles, schlichtes Holzkreuz. Das lang gestreckte Zimmer mit seinen dicken, weiß gekalkten Mauern war von vier, in geringem Abstand zueinander stehenden Bankreihen unterbrochen. Die einzelnen Bänke hatten zwei Sitzplätze und waren mit den abgeschrägten Tischflächen und den Fußrosten aus eng aneinander liegenden Holzlatten fest miteinander und untereinander verbunden. An starken Metallhaken, rechts und links der Bänke, hingen die ledernen Schulranzen. Die meisten hatten deutliche Gebrauchsspuren, nachdem sie oftmals schon von älteren

Geschwistern benutzt wurden. Eine breite Rille, eingefräst an der Oberkante der teilweise ausgebleichten, mit Tintenflecken bekleckerten Tische, nahm Schiefergriffel, Federhalter und Buntstifte auf. Etwa in der Mitte der Tische waren schmale Metallplatten eingelegt. Hier waren die Tintenfässchen mit den Klappdeckeln eingelassen. Im Fach unter den Tischplatten lagen Rechen- und Lesebuch, Gottbüchlein, Schönschreibheft und das Pausenbrot. Durch ein Loch im Holzrahmen der grauen Schiefertafeln waren Kordeln gezogen, daran baumelte ein kleiner Schwamm und ein Lappen zum Reinigen der Tafeln. Unterschiedlich bemalt oder mit Abziehbildern beklebt, standen die hell- oder dunkelgebeizten Griffelkästen aus Holz im Unterricht auf den Tischen. Ihre Deckel ließen sich durch eine Daumennagel große, runde Vertiefung am unteren Ende aufschieben.

Ganz vorne im Raum, mit Abstand zu den Schultischen, stand auf einem Podest das Lehrerpult, den Schultischen ähnlich, jedoch größer und höher gebaut. Dahinter stand ein einfacher Holzstuhl und dicht daneben ein großer, aus Weidenruten geflochtener Abfallkorb. Auf dem Pult lag stets ein Stapel Bücher.

Viel Fläche im vorderen Raum nahm die Drehtafel auf dem Ständer ein, der wie eine aufgeklappte Leiter ohne Sprossen aussah. Eine der beiden schwarzen Tafelseiten wies Zeilen auf. Auf dem schmalen Brett, das unterhalb der Tafel, über die gesamte Breite des Ständers reichte, lagen Zeigestab, weiße und farbige Tafelkreide, ein großer Schwamm und ein Trockenlappen. Zusammen mit einer mit Wasser befüllten Blechschüssel stand ein dickbauchiger weißer Emaillekrug mit blauem Rand auf einem Hocker neben der Tafel.

Der wuchtige, dunkle Massivholzschrank mit Frontverglasung und vielen Fächern – für Bücher und Lehrmittel – füllte einen beachtlichen Teil der linken Wandseite.

Auf dem großflächig auf den Fußboden genagelten, schwarzen Ofenblech, stand etwa in der Mitte des hinteren Klassenraums, der gusseiserne Kanonenofen, dessen stahlgraues Ofenrohr, knapp unter der Zimmerdecke, über die gesamte linke Raumhälfte in den Schlot führte. Gefüllt mit Holzscheiten und Briketts stand die innen und außen blechbeschlagene Holzkiste in den Wintermonaten in der Nähe des Ofens. Daneben war Platz für den Aschenkübel und die Schaufel.

Je drei große Kugellampen aus Milchglas hingen längsseits, rechts und links, an langen, textilummantelten Kabelschnüren von der hohen Zimmerdecke. Das Klassenzimmer hatte zur Straßenseite vier hohe Fenster. Alle hatten ein breites Oberlicht und waren in vier Scheiben geteilt, eingekittet in das weiß gestrichene, hölzerne Fensterkreuz. An allen vier Ecken befanden sich winkelförmige, eiserne Beschläge. Die Fenster waren in, an der Wand befestigten, Scharnieren eingehängt und mit Reibern zu öffnen. Die Oberlichter hatten kleine Riegel. Von Oktober bis März wurden Winterfenster vorgehängt und die Zwischenräume der so entstandenen Doppelfenster mit Stroh oder Holzwolle ausgestopft und mit Bastelarbeiten geschmückt. An den kalkweißen Wänden hingen Bilder aus der Malstunde und dem Heimatkunde Unterricht. Leer stand die Ecke links im vorderen Raum des Klassenzimmers. Hier mußten die »Kleinen Sünder« in der »Ecke« stehen.

Das Ostergeheimnis – Mutter erzählt aus ihrer Jugendzeit

Mucksmäuschenstill war es – wie immer – wenn Mutter uns Geschwistern aus ihren Kinder- und Jugendtagen erzählte. Ihre Erlebnisse waren lustig, bisweilen auch ernst und lehrreich. Sie konnte wundervoll von »damals« erzählen, und wir hörten ihr gerne zu.

„Es ist lange her", begann Mutter mit ihrer Geschichte. *„Ich ging gern zur Schule, war auch fleißig und bekam gute Noten. Gerne wäre ich aufs Lyzeum gegangen oder hätte einen Beruf erlernt."*
„Wieso hast du es dann nicht getan?", fragte Linda.
„Ach Kinder", seufzte Mutter, *„für eine höhere Schule oder eine Lehre fehlte das Geld. Die Schusterwerkstatt meines Vaters, eures Großvaters, warf gerade soviel ab, dass neues Leder und Material für sein Handwerk gekauft und unsere Familie, Vater, Mutter und fünf Kinder, mit dem Notwendigen versorgt werden konnten. Da war kein Platz für Sonderwünsche."*
„Schade!", sagte Cornelia und Anni hoffte, dass sie es einmal besser haben würde. Elfi war noch zu klein, um eine eigene Meinung zu haben.
„Seinerzeit also", fuhr Mutter fort, *„1922, als ich aus der Volksschule kam, war es in unserer ländlichen Gegend und in unseren Kreisen nicht üblich, oder zumindest sehr selten, dass Landkinder eine Höhere Schule besuchten oder studierten, und Mädchen schon gar nicht. Meine Brüder durften einen Beruf erlernen, Wilhelm wurde Schuster wie der Vater, und Karl ging zur Polizei. Die meisten jungen Mädchen aus den kleinen Landstädten gingen »in Stellung«, wurden Dienst- und Kindermädchen oder Köchin im Haushalt*

wohlhabender Leute in den Großstädten, Nürnberg, München, Stuttgart oder Frankfurt. Nur ein paar wenige fanden einen Platz bei reichen Bürgern hier am Ort. Zu meiner Zeit hieß es: Mädchen heiraten, werden Hausfrauen und Mütter. Sie brauchen keinen Beruf. Das war auch mein Los und das meiner beiden Schwestern Lina und Marie.

Als Älteste von den dreien traf es mich zuerst. Nach dem Schulabschluss musste ich noch in die Sonntagsschule. Sie war Pflicht, dauerte drei Jahre lang und fand jede Woche nach dem Sonntagsgottesdienst statt. Diese Jahre durfte ich noch zu Hause bleiben. Ich hatte Glück. Bei begüterten Leuten in der Stadt durfte ich die kleinen Kinder hüten, ihre »Poppele« spazieren fahren, Botengänge machen und kleine Hausarbeiten verrichten. Die paar Groschen, die ich dabei verdiente, waren ein willkommenes Zubrot für unsere Familie.

Danach schickten mich meine Eltern zu Onkel Fritz, dem Bruder meiner Mutter, nach Füssen. Unter Tantes Anleitung sollte ich mich, bei freier Kost und Logis in allen Hausarbeiten üben, Kochen lernen und mir dann später einen Dienstplatz suchen.“

„Hast du Kochen nicht in der Schule gelernt?“, unterbrach Cornelia unsere Mutter.
„Nein“, antwortete sie, „das gab es damals nur in der Höheren Töchterschule.“. Sie erzählte weiter: „So fuhr ich, kaum sechzehn Jahre alt, von Mittelfranken ins ferne Allgäu. Zum ersten Mal in meinem Leben war ich von daheim fort. Oft quälte mich Heimweh. Am Anfang war es schwierig für mich, die Einheimischen zu verstehen, ich kam mit ihrem Dialekt nicht zurecht; aber ihnen ging es mit meiner fränkischen Mundart nicht viel besser. Kurzum, ich brauchte eine Weile, um mich einzugewöhnen. Der Onkel war lieb. Mit seiner heiteren, humorvollen Lebensart verstand er es, mir den Aufenthalt in Füssen erträglich zu machen. Die Tante allerdings war ein leibhaftiger Drachen, böse, hart und lieblos. Es machte wenig Spaß mit ihr zu arbeiten.“

„Da wär' ich einfach davongelaufen", entschied Linda die Lage für sich.

„Was denkst du", sagte Mama, *„wohin hätt' ich denn geh'n sollen, ohne Geld und ohne Ausbildung? Etwa heimlaufen zu meinen Eltern? Da hätt' ich was zu hören gekriegt! Nein, das war nicht möglich. Da half alles nichts, da musste man schon durch."* Aber Onkel Fritz hielt zu meiner Mutter. Kinder hatten Onkel und Tante nicht.

„So, nun sollt ihr mein Ostergeheimnis erfahren: Ein herrlicher Frühlingsmorgen ging über den Bergen auf. Der Himmel bayrisch blau, mit kleinen weißen Wölkchen. Auf den Berggipfeln lag noch Schnee. Ein schöner Ostersonntag. Die Tante hatte mich frühzeitig aus dem Bett geholt und trieb mich ungeduldig zur Eile an. Sie gab mir einen großen, schweren Einkaufskorb in die Hand. Unter einem Tuch versteckt hatte sie Brot, Ostereier, Schinken und einen dicken Hefezopf in einen großen Korb gepackt. „So, Gretel", sagte sie, „Frühstück gibt's heute später. Du gehst jetzt mit dem Korb zum Weihen in die Kirche. Nimm das Tuch weg, stell ihn an den Altar und bring ihn danach wieder mit heim. Wenn du dich beeilst, kannst du es noch rechtzeitig zur Messe schaffen. Geschwind, lauf los!". Und schon stand ich mit dem Korb auf der Straße. Zeit zu fragen blieb mir nicht. Es war kühl, so früh am Morgen, ich hatte Hunger und mich fröstelte. Außerdem war ich ziemlich durcheinander. Warum schickt sie mich in die Katholische Kirche? Ich war noch nie zuvor dort. Noch nie in einer Katholischen Kirche. Die Tante war katholisch, Onkel Fritz und ich waren evangelisch. Wie sollte ich mich in der Kirche verhalten? Durfte ich da überhaupt rein? Die Leute würden es mir bestimmt ansehen, dass ich nicht dazu gehörte, dachte ich. Ich kam mir vor, als hätte ich, für alle sichtbar, ein rotes Mal auf meiner Stirn. Sicher machte ich alles falsch. Nichts als Fragen und Vermutungen. Wilde Gedanken schossen mir durch den Kopf, während ich rasch zur Kirche lief. Buchstäblich mit dem allerletzten Glockenschlag kam ich dort an, als Letzte an diesem Morgen. Der Gottesdienst war gut besucht und

fing bereits an. Ich wäre peinlich aufgefallen, wenn ich noch durch den Mittelgang zum Altar gelaufen wäre. Auffallen wollte ich um keinen Preis. Und schon gar nicht in der fremden Kirche. Also setzte ich mich mit dem Korb verlegen in die hinterste Bank. Dann beobachtete ich interessiert, aber ohne es recht zu verstehen, was mit den Körben da vorne geschah. Doch nahm ich wahr, dass sie mit Wasser besprengt wurden. Mein Korb war nicht dabei. Er stand neben mir auf der Bank. Ich hatte meinen Auftrag nicht erledigt. Das gefiel mir nicht. Bald konnte ich mich nicht mehr sammeln und dem weiteren Verlauf des Gottesdienstes folgen. Was war ich verzweifelt! Mich beschäftigte nur noch eins: Würde es die Tante merken, dass ihr Korb nicht bei den anderen war? Sie würde es merken, sie würde es nicht merken …. Die Zeit zog sich hin. Endlich war die Kirche aus. Die Menschen eilten mit ihren Körben nach Hause. Langsam, sehr langsam, machte auch ich mich auf den Heimweg. Ließ mir Zeit. Trödelte. Noch immer fuhren die Gedanken Karussell in meinem Kopf. Sie würde es merken, sie würde es nicht merken! Der Drache würde es ganz gewiss merken! Was sollte ich bloß tun? Die Not war groß und die Tante böse. Die Kirchgänger hatten sich längst in alle Gassen zerstreut. Bald lag der fast menschenleere Marktplatz mit dem Brunnen vor mir, aber auch die rettende Idee. Schließlich stand ich vor der Haustür. Sofort überfiel mich das laute Gezeter der Tante. „Gretel, wo bleibst du denn? Hat die Mess' so lang gedauert? Ist der Pfarrer wieder nicht zum Schluss gekommen? Ist der närrisch. Was denkt sich der, wann die Leute frühstücken wollen? Gib ihn schon her, den Korb.". Ich gab ihr den Korb, und wir schickten uns gemeinsam an, das Frühstück zu richten. Kurze Pause – und der Jammer ging von neuem los. „Greetell, wo hat der Korb gestanden? Du bist ungeschickt! Wo hast du ihn hingestellt. Weit vor?" Ich nickte nur. Kam sowieso nicht zu Wort. War mir auch lieber. Gleich fing die Tante an, den Pfarrer zu beschimpfen, den sie jetzt Hochwürden nannte. „Wie kann man den Korb nur so unsinnig einweichen, will er mir die Sachen verderben?". Gelegentlich wollte sie sich bei ihm beschweren. Noch stiller als sonst, saß ich vor meinem Teller. Es schmeckte mir nicht, trotz der seltenen Delikatessen, die heute auf dem Tisch standen. Plötzlich war auch kein schöner Feiertag mehr. Auch wenn die Sonne draußen noch so warm schien. Es trieb mich um. »Du sollst nicht lügen« – achtes Gebot. »Ehrlich währt am längsten«, »Wer lügt kommt in die Höll' und wird dem Teufel sein Gesell«, all das kam mir in den Sinn. Wieder fuhren die Gedanken Achterbahn in meinem Kopf. Ich sollte beichten! Doch ich fürchtete die Tante, hatte kein Vertrauen zu ihr.

Ein paar wenige Tage quälte ich mich noch herum, bis ich mir endlich ein Herz fasste, mich Onkel Fritz anvertraute und ihm gestand, was am Marktbrunnen geschehen war. Zu meinem Erstaunen tadelte er mich nicht, sondern lachte lauthals darauf los. Er versicherte mir und beruhigte mich damit, dass unser Himmlischer Vater mir vergeben würde. Die Tante musste es ja nicht erfahren. Es bleibt unser Geheimnis, sagte er zu mir. Sein Trost währte jedoch nicht lange. Als die Tante den Onkel so herzhaft lachen hörte, stand sie, wie der Blitz aus heiterem Himmel, plötzlich mitten im Zimmer und wollte wissen, was er so lustig fand. Onkel Fritz hatte keine Wahl. Sie bohrte und ließ nicht locker, bis meine schändliche Tat lückenlos aufgedeckt war. Was das Vergeben betraf, war die Tante leider anderer Ansicht. Es nützte nicht viel, dass ich mich bei ihr entschuldigte und ihr sagte, wie leid es mir täte. Danach kam eine schlimme Zeit für mich. Die Tante wurde noch strenger und launischer und es dauerte lange, bis wieder einigermaßen normale Verhältnisse einkehrten. Und ich weiß nicht, ob mir die Tante jemals verziehen hat.".

Das Lebertran Spektakel.

Lebertran. Pur. Ölig und goldgelb glänzend. Ein ganzer Esslöffel voll. Jeden Tag, ohne Ausnahme. Nachkriegszeit. Ausgebombt und evakuiert hausten wir mehr, als wir wohnten, in zwei viel zu engen Räumen. Wir – die Familie – Vater, Mutter und vier kleine Kinder, vom Baby bis zur Siebenjährigen. Geld und Lebensmittel waren knapp. So knapp, dass es für uns Kinder kein zusätzliches Stück Brot gab. Viel hatten wir nicht. Eher wenig. Lebertran, Lebertran hatten wir! Wer weiß woher? Aus einer scheinbar nie versiegenden Quelle war er immer vorrätig.

Mutter mühte sich täglich, ihren drei kleinen Töchtern einen Löffel davon einzuflößen. Beneidenswertes Glück hatte unsere jüngste Schwester, die fast noch ein Baby war. An ihr ging dieser Kelch, der uns täglich bitter traf, vorüber. Für Mutter war es jedes Mal ein zeitraubendes Unterfangen uns die Sache irgendwie schmackhaft zu machen. Geduldig und einfallsreich, aber beharrlich ging sie dabei vor. Sie erzählte uns von den Eskimokindern, die sich davon ernährten, groß und stark heran wuchsen und selbst in ihrer zugeschneiten, eiskalten Heimat niemals froren. Möglich, dass Lebertran diesen Kindern schmeckte, einleuchtend war es für uns nicht. *„Lebertran macht klug, gesund und satt"*. Mutter zog alle Register ihrer Überredungskunst, um uns mit milder Strenge gefügig zu machen. Zuweilen richtete sie einen Appell an unsere Opferbereitschaft. Dann hieß es: *„Einen Löffel für Papa, einen für Oma und Opa, einen für die Lieblingstante"* oder für sonst einen von uns geliebten Menschen. Obgleich wir wussten, dass jeder Widerstand zwecklos war und sich unsere zusammengepressten Lippen bald öffnen würden, probierten wir Mädchen immer Zeit zu schinden. Zeit schinden, das konnten wir. Schnell noch eine Frage, rasch noch ein erbetteltes Geschichtchen. Ständig fiel uns etwas ein, um die Sache hinaus zu zögern. Aber irgendwann war es dann doch soweit. Mama ging stets mit gutem Beispiel voran und nahm, ohne eine Miene zu verziehen, den ersten Löffel von dem widerlichen Zeug ein. Danach zeigte sie uns demonstrativ, wie gut es ihr schmeckte. Ich werde das Gefühl nicht los, dass diese Vorführung damals heuchlerisch war. Um den tranigen Geschmack zu mildern, gab Mutter uns nach jeder erfolgreichen Schluckaktion einen Bissen trockenes Brot zum Nachessen. Nicht immer ging die Lebertran-Prozedur gut aus. Dann etwa nicht, wenn eines von uns Mädchen das Fischöl zu lange im Mund behielt, das Hinunterschlucken vergaß und es wieder ausspuckte. Mutter schimpfte dann gehörig mit uns, bedauerte den Verlust der wertvollen Medizin, goss aber sogleich einen weiteren Löffel voll und bestand darauf, dass der Inhalt umgehend im Magen verschwand.

Einmal hatte eine meiner Schwestern, ich weiß nicht mehr welche, eine pfundige Idee und versuchte die Lebertran Einnahme von einer Bedingung abhängig zu machen: *„Wenn ich den Lebertran ganz schnell hinunterschlucke"*, schlug sie Mutter vor, *„backst du dann heute Baggers für uns?"*. Mutter ließ sich sonst auf keinerlei Kuhhandel mit uns Kindern ein. Erstaunlicherweise willigte sie diesmal nach kurzem Nachdenken ein. *„Nicht heute"*, sagte sie, *„aber demnächst."*.

Tatsächlich standen an einem der folgenden Tage die begehrten Kartoffelpuffer auf dem Mittagstisch. Viele. Ein ganzer Stapel knusprig gebackener Baggers ließ unsere Augen leuchten. Es waren genug da. Wir langten alle kräftig zu und waren schließlich pappsatt.

Ein bisschen wunderten wir uns hinterher aber doch, dass die Baggers ein wenig nach Fisch schmeckten.

Wir warten aufs Christkind

Die Kerzen am Adventskranz, den Vater alle Jahre aus grünen Fichtenzweigen selbst band, waren heruntergebrannt. Nur ein paar Tage noch, dann war Heiligabend, den wir sehnlichst herbei wünschten. Und endlich war es dann soweit. Spannung lag in der Luft, war fast nicht auszuhalten. Das ganze Haus steckte voller Geheimnisse. Es roch würzig nach Wald, Moos, Holz und Honig. An diesem Tag sollte der Abend, unseretwegen, schon am Morgen begonnen haben. Aufmerksam lauschten wir in die sich ausgebreitete Betriebsamkeit. War da nicht ein leises Klingeln, ein heller Glockenton zu hören? Neugierig, aber vorsichtig, damit man uns nicht dabei erwischte, schlichen wir zwei Großen, gefolgt von den beiden Kleinen, heimlich zur Wohnzimmertür, die seit dem gestrigen Abend für uns fest verschlossen war und spähten durchs Schlüsselloch. Nichts war zu sehen. Rein gar nichts! Geschah uns ganz recht. Enttäuscht schämten wir uns ein wenig, befürchteten gar, das Christkind hätte uns dabei ertappt, und brächte unseren Weihnachtsbaum samt seinen Gaben, zur Strafe, gehorsameren Kindern. Wir gaben es auf nach dem Christkind auszuschauen und ließen uns etwas anderes zum Zeitvertreib einfallen.

Voller Langweile streiften wir mit unseren Cousinen durch die Straßen und Gassen unserer winterlichen kleinen Stadt und drückten unsere Nasen an den Auslagen der Schaufenster platt, die zur Weihnachtszeit besonders prächtig herausgeputzt waren. Dabei trafen wir auf andere Kinder, die die Geschäftigkeit der Erwachsenen genau so wie uns, nach dem schnellen Mittagessen, nach draußen trieb. Gemeinsam mit ihnen verbrachten wir die Nachmittagsstunden, bis es langsam dämmerte und der bitterkalte Wind uns wieder heim trieb. Im Küchenherd knisterten die Holzscheite und machten den Raum gemütlich warm. Inzwischen war es Zeit zum Kirchgang. Gleich nach dem Abendessen, das seit geraumer Zeit nicht mehr nur aus einem Teller Kartoffelsuppe, sondern aus Kartoffelsalat mit Wiener Würstchen bestand, hockten wir mucksmäuschenstill in der Küche, damit wir das Christkind ja nicht verpassten. Wir spitzten unsere Ohren und horchten angestrengt, bis ein heller Glockenton sein Kommen ankündigte. Endlich. Der feine Klingelton ließ unsere Gesichter vor Aufregung glühen. Jetzt ganz schnell! Vielleicht sahen wir diesmal das Christkind noch wegfliegen.

Weihnachten in der Nachkriegszeit

Wenn der Pelzmärtl am 11. November mit viel Gepolter, wenigen Äpfeln, Hutzeln und Nüssen ins Haus gekommen war und die ersten Schneeflocken fielen, wenn wir mit unseren selbst gebastelten Laternen in der Dämmerung loszogen, *„Laterne, Laterne, Sonne, Mond und Sterne ..."* sangen, wenn die Martinsgans nicht um ihr Leben fürchten musste, weil wir sie nicht bezahlen konnten, dann begannen für uns vier Mädchen die geheimnisvollsten Wochen des Jahres. Die Vorweihnachtszeit. Bald schon brannte die erste rote Kerze auf dem Adventskranz. Es roch nach Bratäpfeln, die im Rohr schmorten. Klobige Holzscheite knisterten im Küchenherd, und das Feuer warf, wetteifernd mit dem schwachen Schein der 25-Watt-Glühbirne, flackernde Flammen durch die Ringe der Herdplatten an die Decke. Pünktlich, am 1. Dezember, hing der Adventskalender an der Wand. Jeden Morgen öffneten wir ein Türchen, hielten uns streng an den richtigen Kalendertag und zählten jedes Mal, wie oft wir noch schlafen mussten, bis endlich Weihnachten war. Im Kindergarten und in der Schule sangen wir Weihnachtslieder. Gedichte und Krippenspiele übten wir, bis der Text richtig »saß«. Auf unseren Streifzügen durch die winterliche Stadt entdeckten wir in den weihnachtlich geschmückten Auslagen der Läden große Plüschtiere, Märchenfiguren, Nikolaus und Engel, die sich bewegen konnten und uns durch die Schaufensterscheiben zunickten. Geschwätzig und eng ging es um diese Zeit beim Bäcker Opitsch in der Spitalstraße zu. In seiner Backstube verarbeiteten die Frauen aus der Nachbarschaft, an bestimmten Nachmittagen, ihren Plätzchenteig. Sie stachen

Tannenbäume, Monde, Sterne, Ringe und Herzen aus und legten sie auf riesige Backbleche, die der Bäckermeister in den Ofen schob. Wie aufregend war es, wenn Mutter uns in die Bäckerei mitnahm und wir dabei zusehen durften. Mollig warm war es da, und der Duft der fertigen Plätzchen stieg uns in die Nase. Natürlich bettelten wir bei Mutter um Plätzchen. Sie knauserte stets damit und gab jedem von uns nur ein einziges, das so fein schmeckte, dass wir es ganz langsam im Mund zergehen ließen. Mutters übrige Weihnachtsplätzchen fanden, in Blechdosen gefüllt, ein sicheres Versteck bis zum Fest. Manchmal war auch eine spendable Nachbarin da, die uns ein Plätzchen zum Probieren schenkte. Die »schlechte Zeit«, die Not der Nachkriegsjahre, war noch nicht vorbei. 1947 gab es immer noch die Reichsmark, Bezugsscheine und Lebensmittelmarken, um den rationierten Bedarf an Nahrungsmitteln zu decken. Nach einem Weihnachtsmarkt hielt man seinerzeit in Feuchtwangen vergeblich Ausschau. Auch Weihnachtsbaum-Verkäufer waren nirgendwo zu finden. Die große Tanne mit den elektrischen Kerzen stand, wie eh und je, schon damals, auf dem Marktplatz in der Nähe der Stiftskirche. Unseren Weihnachtsbaum, eine kleine Fichte, holte das Christkind immer erst kurz vor der Bescherung aus dem Wald. An den langen Winterabenden schrieben wir Briefe und Wunschzettel an das Christkind, die wir mit bunten Zeichnungen verzierten und, vor dem Schlafengehen, auf die Holzwolle zwischen Fenster und Winterfenster legten. Am anderen Morgen, in aller Früh, gleich nach dem Aufstehen, schauten wir nach und waren froh, wenn sie nicht mehr da lagen. Dann wussten wir, dass das Christkind vorbeigeflogen war und unsere Post abgeholt hatte.

Ein neues Kleid für unsere Lieblinge, unsere Puppenkinder, die am ersten Adventssonntag immer verschwanden und erst an Weihnachten wieder auftauchten, ein neuer Kittel für den einzigen Teddybären, der uns allen gehörte, eine Wollmütze für den Seppl, damit er nicht frieren muss, und etliche neue Möbel für die gemeinsame Puppenküche, die unser Vater in der Vorweihnachtszeit in manchen Nächten gezimmert hatte, ließen unsere Herzen höher schlagen. Wir freuten uns auf den bunt geschmückten Christbaum mit den zwölf Wachskerzen, die feinen Plätzchen und ganz besonders auf ein Wiedersehen mit unserem Kaufladen. Viele Jahre fanden wir ihn am Weihnachtsabend immer an derselben Stelle in der Wohnstube unter dem Fenster, neben dem Christbaum. Er war aus weißlackiertem Holz, etwa 80 Zentimeter hoch, einen Meter lang und stand auf vier soliden Beinen. Er stammte noch aus der Vorkriegszeit und hatte den Krieg unbeschadet überstanden. An der Wand seiner Längsseite befanden sich kleine Schubladen, die man an zierlichen Möbelknöpfen herausziehen konnte. Sie glichen den großen Schubfächern in den Krämerläden unserer kleinen Stadt aufs Haar. Weiße, mit schwarzer Schrift bemalte Metallschilder verrieten ihren Inhalt: Mehl, Salz, Zucker, Grieß, Haferflocken, Graupen, Erbswurst mit und ohne Speck, Sago und Grünkern. Auf schmalen Ablagen standen Miniaturfläschchen, Döschen und Pappschächtelchen aufgereiht, die es, in Originalgröße, beim Kaufmann Hartnagel um die Ecke gab: Kathreiner-, Quieta-, und Lindes-Kaffee, Zichorie, Maggi, Sanella und Resi-Schmelzmargarine, Soda, Ata, Persil, Sil, Schmierseife und Nigrin-Schuhcreme. Wir kannten den »PaPa-Nigrin«, liefen ihm in Scharen hinterher, wenn er einmal im Jahr als schmucker Schlotfeger auf Stelzen in den Straßen der Kleinstadt auftauchte und Reklame für seine Schuhcreme machte. In jener Zeit kauften wir in kleinen Gemischtwarenläden, auf deren Schildern »Kolonialwaren« stand. Jeder einzelne Laden hatte seinen eigenen, unverkennbaren, manchmal aufdringlichen Geruch, gemischt aus der Vielfalt seiner Angebote. Nahezu alle Lebensmittel wurden seinerzeit lose verkauft und in spitze oder rechteckige braune Papiertüten, die in Franken »Guggen« hießen, eingewogen. Brat- und Bismarckheringe waren nur stückweise zu haben, ebenso die

Salzheringe, die, wie Sauerkraut, Salz, Essig- und Senfgurken, in riesigen Holzfässern lagerten. Man musste ein Gefäß mitbringen, wenn man sie nach Hause holen wollte. Bücklinge, Lachsheringe und Sprotten, die es manchmal in den Wintermonaten gab, lagen in schmalen Holzkisten auf dem Ladentisch. In runden Kugelgläsern lockten schillernde Bonbons, von denen man beim Einkaufen, wenn man Glück hatte, einen spendiert bekam. Maggi-Würze wurde aus großen Flaschen gezapft und die wackelpuddingartige Vielfruchtmarmelade mit einem riesigen Holzlöffel aus großen, messingfarbigen Konserveneimern geschöpft. Auch Bienenhonig gab es offen zu kaufen. Doch den konnten wir uns nicht leisten. Wir Geschwister waren froh, wenn wir Kunsthonig bekamen, den es bereits im verschlossenen Pappbecher gab. Den Mustern dieser Läden ähnlich war auch unser Spielkaufladen eingerichtet. Winzige Papiertüten hingen zusammen mit einem Blechschäufelchen an einem Haken an der Wand. Die Registrierkasse für das Spielgeld und die Waage mit den Gewichten hatten auf einem schmalen Holzblock in der Mitte Platz. Viele Schubläden waren leer, wenige mit Naturalien und Süßigkeiten gefüllt. Dennoch führte unser Kaufladen für uns Kinder ein begehrenswertes Sortiment. Dazu zählten Miniwürstchen, die es beim Metzger im Ort nur am Heiligen Abend gab, etliche Stücke Blockschokolade, farbige Zuckerperlen, winzige Obstnachbildungen aus Marzipan-Ersatz, etliche Bonbons und einige Stück Würfelzucker. Mutter ergänzte das Angebot mit dem, was sie gerade aus der Küche erübrigen konnte, um eine Senf- oder Essiggurke, ein Stück Brot, einige Plätzchen, eine Handvoll Hutzeln, einen Apfel oder auch um ein paar Pellkartoffeln. Häufig konnten diese Produkte bei Mutter nachbestellt werden. Wir fieberten unserem ersten Einkauf in unserem Spielkaufladen entgegen. Zunächst aber war Singen angesagt. Sobald unsere Familie am Heiligen Abend die traditionellen Weihnachtslieder gesungen hatte, folgte die Bescherung, die aus Söckchen, Schürzen, Mützen,

Schals und Handschuhen bestand. Wenn dann nur noch die Kerzen auf der kleinen Fichte flackerten, stürmten wir zu unserem Kaufladen. Jedes Jahr beanspruchte ich den Posten der Ladeninhaberin, den mir meine Geschwister Linda, Cornelia und unser Nesthäkchen Elfi, die als Frau Müller, Schmidt und Meier zu mir kamen, nie streitig machten, weil sie viel lieber den Laden leerkauften. Ich nannte mich Frau Schulz. Da die Lebensmittel in der entbehrungsreichen Zeit nach dem Krieg in vielen Familien ebenso knapp waren wie das Haushaltsgeld, musste der Vorrat unseres Kaufladens unbedingt über die Feiertage ausreichen. Um ihn nicht vorzeitig zu plündern, galt die Regel: Der erste Einkauf darf behalten und aufgegessen werden, alle weiteren Einkäufe werden zurückgebracht und kommen drei bis vier Mal wieder in Umlauf. Alles, so gut es ging, einzuteilen, war eine schwierige Aufgabe für mich. Die Buchführung musste stimmen. Kaum hatte mein Geschäft geöffnet, rückten meine Geschwister an.

„Grüß Gott, Frau Müller! Schönes Wetter heute, es gibt allerhand Schnee", begrüßte ich die erste Kundin.

„Ja, Grüß Gott, Frau Schulz. Solange die Sonne scheint, will ich meine kleine Gretel mit dem Puppenwagen noch spazieren fahren."

„Was darf's denn sein, Frau Müller?"

„Geben Sie mir bitte ein Fünftel Wurst, einen Laib Brot, eine Schachtel Käse und ein halbes Pfund Kekse."

Ein bisschen viel, dachte ich, wog ab, verpackte die Sachen, kassierte das Spielgeld, wechselte die Scheine und wünschte Frau Müller *„Einen guten Tag"*.

Dann waren die anderen Kundinnen dran. Alle hielten sich an die Vorschrift, nur Frau Müller nicht. Sie brachte nie etwas zurück. Dafür entwickelte sie ein unaufhaltsames, Besorgnis erregendes Bedürfnis, alles was sie einkaufte, in sich hinein zu futtern.

„Frau Müller", sagte ich, als sie wiederkam, „wo ist denn Ihr letzter Einkauf geblieben?"

„Ach, wissen Sie, Frau Schulz, meine kleine Gretel ist so schlimm erkältet und hat um ein Stück Zucker gebettelt. Da hab ich mich erbarmt und hab's ihr halt gegeben."

„Na ja, schon gut, Frau Müller. Aber das, was Sie heute mitnehmen, bringens's gefälligst wieder!"

Frau Müller war immer freundlich und fröhlich, aber halt eine schwierige Kundin. Mit Frau Schmidt und Frau Meier hatte ich keinen Ärger.

„Grüß Gott, Frau Schulz".

„Grüß Gott, Frau Müller", sagte ich und dachte: „Ach die schon wieder."

„Geht's der kleinen Gretel besser? Und – haben Sie die Waren mitgebracht?"

„Es tut mir fürchterlich leid, Frau Schulz. Sie wissen ja noch gar nicht, was passiert ist. Der Ring Wurst von neulich ist mir beim Heimlaufen in den Gully gerutscht, und das Brot war so hart, dass ich eingeweichte Brotsuppe davon kochen musste. Der Gretel geht's schon wieder gut, aber sie hat den Hanswurst angesteckt. Der hat jetzt 40 Grad Fieber und fantasiert ganz schrecklich. Ich hab den Doktor geholt. Muss ihm einen Schmalzwickel und kalte Umschläge machen. Er dauert mich so arg. Sie sollten sehen, wie schlapp er ist. Frau Schulz, ich muss unbedingt Schokolade für ihn kriegen."

„Dann mach ich halt noch einmal eine Ausnahme", seufzte ich.

„Wer passt denn jetzt auf den Hanswurst auf?"

„Der Seppl und der Brummbär. Ich bin ja gleich wieder daheim."

„Soll's sonst noch was sein?"

„Ja, ich brauch unbedingt frische Wurst für die Kinder, weil ich die letzte, Sie wissen's doch, verloren hab. Schneiden's mir bitte ein halbes Pfund von der Gelbwurst runter. Und dann möcht' ich noch drei Plätzchen und eine Tüte »Bombom«."

Sie bekam, was sie verlangte. Zum wiederholten Mal ermahnte ich sie eindringlich:

„So kann das nicht weitergehen, Frau Müller. Passen's bittschön gut auf die Wurst auf, damit sie nicht wieder in den Abfluss fällt. Und bringen's endlich die Sachen zurück, und zwar unangebissen! Auf Wiedersehn, und gute Besserung für den Hanswurst."

Jedes Mal das gleiche »Gfrett«, wenn sie erschien. Alle meine Bemühungen waren vergebens. Frau Müller, dieser charmante kleine Fresssack, kam immer wieder mit einem spitzbübischem Lächeln und tausend neuen Ausreden, aber stets ohne die Waren zurück zu bringen. Ein ums andere Mal beteuerte sie mit steinerweichender Unschuldsmiene und schauspielerischem Talent, dass es diesmal wirklich das aller-allerletzte Mal gewesen sei. Nichts wie leere Versprechungen. Beim nächsten Einkauf hatte sie wieder alles ratzeputz aufgegessen. Wütend dachte ich: *„Aufgefressen!"* Als sie auf meine Vorhaltungen hin dann auch noch ihren Riesenhunger als mildernden Umstand ins Spiel brachte und sich damit entschuldigen wollte, riss mir endgültig der Geduldsfaden. Ich schimpfte! Frau Müller hatte meine Gutmütigkeit überstrapaziert. Das konnte ich ihr nicht durchgehen lassen, denn Hunger hatten wir Schwestern auch, und obendrein das Nachsehen. Aus und vorbei war es mit meiner Gutgläubigkeit und meinem Mitleid. Ich verkaufte ihr nichts mehr. Worauf es nicht lange dauerte und die nette, reizende Frau Müller sich in eine »Bisgurrn« verwandelte, die sich Knall auf Fall, mit der akkuraten Frau Schulz in den Haaren lag. Das Gezeter währte glücklicherweise nur so lange, bis Vater oder Mutter, oder beide, der Balgerei eine Ende machten und damit drohten, dass der Kaufladen vom Christkind noch vor dem Feiertag »Heilig-Drei-König« abgeholt und – wer weiß – vielleicht nie mehr zu Weihnachten neben dem Christbaum stehen würde.

Holz klauben

Brennholz war teuer, das Haushaltsgeld knapp. Die Winter waren lang, schneereich und bitterkalt. Es tat gut, in der warmen Stube um den Ofen zu sitzen, wenn draußen der Herbstwind in den Gassen und um die Häuser piff, wenn lautlos die Schneeflocken fielen, das Land in eine weiße Decke hüllten und an den Dachrinnen und Gauben Eiszapfen wuchsen. Lange bevor die Kälte Einzug hielt, musste das nötige Feuerholz im Schuppen bevorratet sein. Was tun, wenn der Geldbeutel spärlich gefüllt ist, wenn Mark und Pfennige kaum für einen halben Ster Holz und Kohlen reichten. Dann mussten wir ins »Holz«. Hinaus ging es, in die umliegenden Wälder. Doch einfach loslaufen und aufklauben, was da so herumlag, durfte man ohne Berechtigung nicht. Für den Staatsforst brauchte man einen Holzleseschein, den die zuständigen Forstämter, nach Prüfung der Bedürftigkeit, gegen eine geringe Gebühr ausstellten. Wir waren bedürftig, aber viele andere Menschen damals auch. Und in den Wäldern lag das Sammelgut nicht gerade üppig herum. Obendrein regelten strenge Vorschriften das Einsammeln. Nur dürre Äste, die am Boden lagen, bis zu einem bestimmten Durchmesser stark, Reisig, Fichten- und Kiefernzapfen zählten dazu. Glück hatte, wer einen Waldbesitzer näher kannte, denn dann durfte man auch im Bauernwald etwas auflesen. Meistens lag aber auch hier nicht all zu viel herum. Weil es sich oft nicht zweifelsfrei feststellen ließ wo der Bauernwald endete und der Staatsforst begann, und es außerdem müßig war den Grenzstein zu suchen, wurde nicht selten grenzübergreifend gesammelt. Das ganze Jahr hindurch, nicht nur wenn das Wetter kräftigen Wind oder Sturm gebracht hatte, wanderten Flüchtlinge, Evakuierte, dazu auch etliche Einheimische, scharenweise in die Wälder. Auch unsere Mutter, zusammen mit uns Mädchen. Ich erinnere mich, wie sie an vielen schulfreien Nachmittagen, vom zeitigen Frühjahr bis in den späten Herbst hinein, den Leiterwagen aus der Remise holte, leere Kartoffelsäcke und die beiden kleinen Geschwister, Cornelia und Elfi hinein packte, auch Beil und Säge nicht vergaß, die sie fest ins Tuch gewickelt, zuunterst im Wagen versteckte. Beides, Säge und Beil, waren nötig, wenn ein dickerer Ast oder ein armseliges dürres Bäumchen schnell im Sack verschwinden mussten. Es war Waldfrevel, der, wurde man dabei entdeckt, bestraft wurde. Aber alle trieben es damals so. Man musste rasch handeln, in alle Himmelsrichtungen spähen, die Ohren spitzen um sicher zu sein, dass der Flurer, der das Holz klauben, oder besser, das Holzklauen überwachte, nicht in der Nähe war. Wir Kinder mochten diese verordneten „Waldspaziergänge" der langen Strecken wegen nicht besonders, waren aber williger, wenn Mutter, ab und zu ein paar Himbeerbonbons als Trostpflaster für uns dabei hatte. So liefen wir Geschwister viele Kilometer weit, vier, fünf und mehr, stets den langen Rückweg vor Augen, auf Landstraßen und unebenen Fuhrwegen neben dem Handwagen her. Wir marschierten ins Heiligenholz, Krappennest, Pfaffenholz, nach Mosbach, Steinbach und die Große Haardt bei Vorderbreitenthann. Stundenlang klaubten wir fleißig Moggeli (Kiefernzapfen) und Fichtsküh (Fichtenzapfen) und jedes noch so kleine Holzstück vom Waldboden auf, trugen alles zum Lagerplatz und stopften die Säcke damit voll. Besonders groß war die Freude jedesmal, wenn wir einen dicken Prügel fanden und Mutter uns tüchtig lobte. Am Ende klebten Harz, Nadeln und Walderde fest wie Pech an unseren Händen, die wir daheim mit der Wurzelbürste tüchtig abschrubben mussten. War gerade Pilzsaison oder waren die Beeren zeitig, dann schlugen wir nebenher die „Fliegen mit einer Klappe". Wir

suchten Pilze, die wir schon gut kannten, pflückten Walderd-
beeren, Himbeeren, Brombeeren, Schwarzbeeren und Prei-
selbeeren in kleine Emailbecher, die wir solange in eine große
Milchkanne leerten bis sie randvoll war. Fiel unsere Ernte
reichlich aus, dann konnten wir etwas davon zurück behalten
und mussten nicht alle unsere „Schätze" verkaufen. Dann
durften wir uns auf ein schmackhaftes Pilzgericht oder gar
auf einen saftigen Beerenkuchen freuen.

Ein Kindertraum

Von weitem schon konnte ich die Baumgruppe sehen. Drei knorrige alte Föhren standen schattenspendend, dicht neben-einander auf dem sandigen, mit spärlichen Grasbüscheln bewachsenem Hügel. Unterhalb der kleinen Anhöhe, jenseits des furchigen Feldwegs, sickerte eine Quelle zwischen zer-klüfteten Felssteinen aus dem Boden. Ihr Wasser war auch im Sommer eiskalt. Frisch, wenn ich es aus der hohlen Hand trank oder mein Gesicht damit kühlte. Der kleine Weiher lag fast unbewegt in der Sonne. Die Bäume spiegelten sich in seinem ruhigen Wasser. Frösche quakten am Uferrand, und blauschimmernde Libellen schwirrten in den Schilfgräsern. Am wolkenlosen Himmel zogen Mauersegler ihre Kreise. Kein störender Laut ringsum. Kein knatternder Bulldog auf den nahen Feldern. Ich kam gerne hierher. Ich mochte es, zwischen den Wurzeln im warmen Sand zu hocken und mit offenen Augen zu träumen. Schläfrig geworden in der Nach-mittagssonne, schloss ich die Augen, döste, und versank in dem immer gleichen Wachtraum, von dem ich mir so sehr wünschte, er möchte sich erfüllen.

Damals, 1949, war ich zehn, meine Geschwister acht, sieben und drei Jahre alt. Durch die Kriegseinwirkungen, den Zustrom von Flüchtlingen aus den Ostgebieten und der Unterbring-ung Evakuierter aus den Großstädten war auch der Wohn-raum auf dem Land knapp geworden. Unsere Familie hatte, neben einer nicht gerade geräumigen Wohnküche, nur einen einzigen Schlafraum, in dem vier Betten standen, die wir uns teilen mussten. Einige Mädchen aus meiner Klasse hatten ein eigenes Zimmer. Ich beneidete sie nicht darum, aber sehnte mich so sehr danach, auch so einen Raum ganz für mich allein zu haben.

In meiner Fantasie existierte er bereits. Ich wusste sehr genau, wie es da drinnen aussah.

Lange schon war ich in Gedanken eingezogen und hatte es mir gemütlich eingerichtet. Ein Bett, das mir allein gehörte, stand zusammen mit einem Schrank, einem Tischchen, einem Bücherregal und einem Stuhl in der Stube. Die Wände hatten helle Farben, das Fenster bunte Vorhänge. Auf dem Fenstersims stand ein Blumenstock. Hatte ich Lust, räumte ich die Möbel um und hängte neue Bilder auf. Auch die Aussicht aus dem Fenster veränderte ich immer wieder. Blickte ich einmal auf Wiesen und Wälder oder auf die Straße, die Häuser und den Kirchturm, dann sah ich ein anderes Mal auf einen Park mit alten Bäumen, oder in einen geheimnisvollen Hinterhof. Ich lud meine Freundin zum Spielen ein, erledigte dort meine Hausaufgaben, oder vertiefte mich in ein Buch. Und ich konnte die Tür zuschließen, niemand störte mich, wenn ich allein sein wollte. Mein Kopf steckte voll toller Ideen.

„Hatschi!" Eine Fliege kitzelte meine Nasenspitze und beendete den stillen Tagtraum.

Ich öffnete die Augen, fand mich in der Gegenwart wieder, blieb noch ein wenig in der Sonne sitzen, ehe ich, vorbei an Äckern, Wiesen und Getreidefeldern, auf dem holprigen Feldweg, die Strecke abkürzend, durch den Kirchhof nach Hause lief.

Im Oktober 1956 konnten wir im Rahmen der Rückführung Evakuierter wieder nach Nürnberg ziehen. Die uns zugewiesene Dreizimmer-Neubauwohnung in der Bartholomäusstraße 21 im Stadtteil Wöhrd, bot einen bescheidenen Luxus, ein einfaches kleines Bad mit Spülklosett. Wir vier Geschwister, inzwischen 17, 15, 14 und 10 Jahre alt, bekamen ein gemeinsames Kinderzimmer. Unsere jüngste Schwester konnte dieses Zimmer, als wir anderen uns nacheinander verheiratet hatten und ausgezogen waren, noch eine Zeit lang allein bewohnen.

Mein Kindertraum hatte sich nicht erfüllt. Geblieben aber ist die Erinnerung an viele schöne Wachträume unter den alten Föhren, meinem Lieblingsplatz.

Altes Spital Feuchtwangen

Maifest

Hell klangen die Kinderstimmen aus dem geöffneten Klassenzimmerfenster über den Schulhof *„Der Mai ist gekommen, die Bäume schlagen aus …"*. Am Gartenzaun, bei den Kastanienbäumen, die ihre weißen Blütenkerzen zum Licht streckten, blieb ich stehen und lauschte. Der Wonnemonat Mai machte seinem Namen alle Ehre. Was vor zwei Wochen zaghaft zu grünen und blühen begann, schmückte nun die Obstbäume mit üppigen Blüten, die Hecken mit zartem Grün und die Wiesen und Wegränder mit bunten Blumen. Amseln, Meisen, Stare und viele andere Vögel waren beim Nestbau oder fütterten bereits ihre Jungen. Seit Tagen wartete ich, wie immer um diese Zeit, gespannt auf den ersten Kuckucksruf aus dem nahen Wald. Die Luft war angenehm warm, die Sonne schien und kleine weiße Dunstwolken zogen über den Himmel. Erstaunlich, wie die Vergangenheit gelegentlich blitzartig Erinnerungen in die Gegenwart holt. Spontan kam mir ein Frühlingslied in den Sinn, das wir als Kinder oft gesungen haben: *„Laue Lüfte fühl ich wehen, goldner Frühling taut herab…"*. Dann fiel mir ein besonderes Ereignis ein, das fest mit dem Mai verbunden war und uns Kindern ab dem Maifeiertag nicht mehr zur Ruhe kommen ließ. Wir warteten ungeduldig auf das Maifest, das in Feuchtwangen bis heute traditionsgemäß veranstaltet wird. Kurzfristig angekündigt, wurde es alle Jahre bei schöner Witterung an einem Schultag, fast immer in der zweiten Monatshälfte, gefeiert. Am Maifesttag endete der Unterricht stets nach der Zehnuhr-Pause. Pünktlich um dreizehn Uhr versammelten sich alle Schulkinder, von der ersten bis zur letzten Klasse, sonntäglich gekleidet am Kirchplatz. Die Mädchen schmückten ihre Haare mit Blumenkränzen oder neuen Haarschleifen, hatten sich duftige Kleider und weiße Söckchen angezogen. Die Buben kamen in leichten Hemden, kurzen Hosen und Kniestrümpfen und hielten Fähnchen in den grün/weißen Stadtfarben in den Händen. Viele Fenster an den Durchgangsstraßen wurden eilig mit solchen Papierfähnchen dekoriert. Inzwischen bildeten die Schulkinder in Dreierreihen einen langen Zug. Zusammen mit den Lehrkräften, dem Bürgermeister, den Stadträten und Leuten, die Rang und Namen in der Stadt hatten, machte sich der Zug auf den weiten Weg hinauf zum »Kronenwirtskeller«, der auf einer Anhöhe am westlichen Ende der Stadt lag. Allen voraus spielte Musik. Gleich nach der Ankunft am Ziel, erklangen noch etliche fröhliche Weisen, bis alle ihren Platz gefunden hatten. Für jedes Kind wurde eine Flasche grüne oder rote Limonade und eine Laugenbrezel spendiert. Dann wurde unter den alten, hohen Linden- und Kastanienbäumen im großen hügeligen Kellergarten viel Unterhaltung geboten. Auf der großflächigen, frischgemähten Wiese gegenüber der Straße waren zwei, drei, vielleicht auch vier Marktstände aufgebaut, die Süßigkeiten, Eis und Spielwaren feilboten. Viel zu schnell verging jedes Mal das lang ersehnte Fest, bis wir am frühen Abend alle wieder hinunter auf den Kirchplatz marschierten.

Später, wenn wir vom Herumtollen und den Erlebnissen des Tages müde geworden waren und längst in unseren Betten lagen, vergnügten sich die Erwachsenen in der lauen Maiennacht im Bierkeller. Mutter erzählte uns, dass das Maifest während ihrer Schulzeit im »Greifenwirtskeller« stattfand, der in meinen Kindertagen nicht mehr bewirtschaftet wurde.

Weshalb, frage ich mich jetzt nach vielen Jahren, wird das Maifest seit beinahe 200 Jahren schon, ohne Unterbrechung, in Feuchtwangen gefeiert? Und warum bekommen die Schulkinder an diesem Tag Limonade und Brezen? In meiner Kinderzeit war mir der Anlass unwichtig. Damals galt meine ganze Aufmerksamkeit lediglich dem Fest, der Brezel und der Limonade. Doch nun möchte ich gerne erfahren, wie das Maifest entstanden ist, bin neugierig geworden und will versuchen, den Grund zu erkunden.

Recherchen ergaben: Das Maifest erinnert an die 1818 in Kraft getretene Bayerische Verfassung. Auf Erlass der Regierung in Ansbach, und im Namen seiner Majestät König Ludwig I., wurde es erstmals 1826 in Feuchtwangen – auf dem Festplatz beim »Greifenwirtskeller« – gefeiert. Für alle Schulkinder gab es Dünnbier, Brezen und ein paar Pfennige. Als der »Greifenwirtskeller« nicht mehr bewirtschaftet wurde, verlegte man das Fest in den »Kronenwirtskeller«. Dort wird es bis heute gefeiert. Nur statt Dünnbier bekommen die Kinder, wie schon zu meiner Schulzeit, Limonade geschenkt. Über die Herkunft der Spenden konnte ich leider bisher nichts erfahren.

Im alljährlichen »Mooswiesen-Festzug« der Feuchtwanger Kirchweih, Ende September, um Michaeli, ist dem Maifest seit Beginn der Festzugtradition 1952, ein eigener Planwagen mit Darstellern in historischen Gewändern – Bürgermeister, Ratsherren und Kindern – gewidmet.

Labenbachhof

Wie lange mochte es her sein, dass ich unter die Decke gekrochen war. Zwei Stunden, drei Stunden, länger? Ich lag auf der Couch im Wohnzimmer von Tante Frieda und Onkel Hans und versuchte verzweifelt einzuschlafen. Ich hörte die Ringbahn fahren, rangieren und pfeifen, sonst war es still. Die Erwachsenen schliefen. In meinem Kopf wechselten Bilder in rascher Folge. Keines ließ sich festhalten. Gestern war ich mit Vater nach Nürnberg gekommen. Ich würde nicht mit ihm zurückfahren. Zur Erholung sollte ich, in die Chiemgauer Berge. Die Berge? In manchen Wohnstuben hingen Bilder mit Bergen drauf. So recht vorstellen konnte ich sie mir aber nicht. Sie sahen anders aus, als die Hügel in unserer Umgebung, die wir Berge nannten; die Frankenhöhe, der Lindenberg, oder der Hesselberg in der Ferne, den man bei klarem Wetter von der Alten Ansbacher Straße und vom Kronenwirtsberg aus gut sehen konnte. Richtige Berge mussten anderes sein. Zum ersten Mal in meinem Leben fuhr ich so weit weg. Wie weit? Die zwölf Zugkilometer von Feuchtwangen nach Dinkelsbühl zum Augenarzt war ich schon oft gefahren, in größeren Zeitabständen, oder in den Schulferien auch einmal zu Tante Frieda und Onkel Hans nach Nürnberg. Und nun führte mich der Weg weit von meiner Familie fort. Ich vermisste sie jetzt schon, meine Eltern, die Geschwister, meine Schulfreundinnen. Vor knapp zwei Wochen hatte ein neues Schuljahr begonnen. Jetzt war Anfang Oktober, und erst an Weihnachten sollte ich wieder zu Hause sein. Irgendwann in dieser Nacht hatte sich mein Kopf wohl genug geplagt. Ich schlief ein.

Liebe Anni
Wie geht es Dir? Gfällt es Dir? Hast du
nicht Heimweh. Ich möchte auch dort sein.
Hat es auf die Berge schon geschneit
und ist es schon kalt? Bei uns ist es
heute schön draußen und jetzt will
ich sitze noch an der Schularbeit und
Ich will doch auch noch raus. Du
weißt doch ich bin kein Stubenhocker
als so Ade? Viele Grüße und
Küsse von deiner
Sieglinde.

Liebe Anni
Wie geht es Dir? Mir geht es gut. Anni
ich habe weiße Schuhe gekriegt von mei-
ner Patin. Mutti und Vati haben am ♥ ♥
Samstag mit der Frau Fischer und Frau
Dornberger Geburtstag gefeiert und mit den
Herrn Fischer. Es war sehr nett. Anni freust
Du dich schon auf Nikolaus? ♥ ♥ ♥ ♥ ♥
Ich freue mich, wenn Du wieder kommst.
Glaubst Du es, ich freue mich auf ♥ ♥
Weihnachten. Anni ich will jetzt ♥ ♥ ♥
schließen, weil ich noch an die Luft geh-
en will. Nun viele
Grüße und
Küsse von
Deiner Schwester
Cornelia.

106

Noch war die Sonne nicht aufgegangen, als ich mit meinem Vater in der Straßenbahn saß und wenig später auf dem Bahnsteig im Nürnberger Hauptbahnhof stand. Eine kleine Gruppe – drei Buben und zwei Mädchen – warteten mit einer Begleiterin auf den Zug in Richtung München. Eine kurze Umarmung, ein Abschiedskuss, Grüße an die Mutter, an die Geschwister, und die Eisenbahn setzte sich in Bewegung. Sekundenlang sah ich Vater noch winken, dann war ich allein mit meinen Gedanken. Wir Kinder sagten einander unsere Namen und woher wir kamen, dann war es still im Abteil. Wir dösten vor uns hin. Die junge Frau ließ es zu. Doch auf einmal hatte sie es geschafft, uns zum Plaudern zu bringen. Wir erzählten uns – von daheim. Der Zug fuhr weite Strecken, hielt an Bahnhöfen an und fuhr weiter. Um die Mittagszeit packten wir unseren Proviant aus. Ich fühlte, wie heiße Tränen in mir aufstiegen, schluckte sie hinunter, nur nicht zeigen, wie schlecht es mir ging. Ich dachte an meine Familie, sah sie alle um den Tisch sitzen, sah meinen leeren Platz.

Wir hatten den Chiemsee erreicht. Der Zug fuhr in Sichtweite zum See entlang. Wasser, Wasser, soweit das Auge reichte, Segelboote und Schiffe. Ich drückte meine Nase an der Scheibe platt und konnte mich nicht satt sehen, nahm alles, was ich sah, gierig in mich auf. Nach einer weiteren Fahrtstrecke nahm ich in der Ferne – schemenhaft erst – Schatten wahr. Sie kamen näher, rückten ins Licht. Die Berge! Überwältigt von ihrem Anblick, konnten sich meine Augen nicht los reißen. Ich fürchtete, wenn ich sie schloss, würden sie nicht mehr da sein.

In den frühen Nachmittagsstunden hatte der Zug den Zielbahnhof Ruhpolding erreicht. Mit dem Gelben Postbus fuhren wir die wenigen Kilometer bis zum Haltepunkt Labenbach an der Deutschen Alpenstraße. Nur noch wenige Schritte

Liebe Anni!

Wie geht es Dir? Mir geht
es gut! Sieglinde und
Conni schreiben jetzt
auch!

Es grüßt
Dich
Deine

liebe Elfi

Viele Kussi liebe Anni

bergan die Anhöhe hinauf, und der stattliche Bauernhof im Froschseetal, der Labenbachhof, Kindergenesungsheim der Inneren Mission, am Fuß des 1645m hohen Rauschbergs, lag breit und behäbig vor uns. Vor dem Haus eine geräumige Terrasse. Lüftlmalerei an den Fenstern. Auf beiden Seiten des mächtigen Eingangstors, zwischen den beiden Fenstern links und rechts, eine Heiligenfigur an die Hauswand gemalt. Das mächtige Deckengewölbe im gefliesten Flur beeindruckte. Dicke Mauern. Überall gemalte Figuren und Sprüche an den Wänden, noch aus der Zeit, als das Bauernhaus einmal als Gasthof genutzt wurde. Links der kleine Speisesaal, rechts ein geräumiger Aufenthaltsraum. Im ersten Stockwerk die einzelnen Zimmer mit jeweils drei bis vier Betten, und unter dem Dach die Wohnräume für das Personal. Einige Kinder waren bereits vor uns eingetroffen, ein paar wenige kamen noch an. Wir waren eine kleine Schar. Etwa zwanzig Kinder im Alter von acht bis vierzehn Jahren. Ich war zwölf Jahre alt. Tante Heddy, Tante Mathilde, Ingrid und Marlene würden sich während der Zeit unseres Aufenthaltes um uns kümmern. Im linken Seitenflügel des ersten Stockwerks, Richtung Liegehalle, bekam ich zusammen mit Ursula Wüstemann, die ein wenig älter war als ich und aus Neustadt a. d. Weinstraße kam, ein Balkonzimmer. Ursel, gut einen Kopf größer als ich, war ein fröhliches Mädchen mit einem frechen Bubikopf und sprach Pfälzer Dialekt. Wir verstanden uns vom ersten Tag an prächtig und waren bald unzertrennlich. Für mich begann eine wunderschöne Zeit.

Auf dem Bauernhof gab es etwa zwanzig Kühe, einige Pferde und Hühner. Die Bergluft machte hungrig. Ich trank die frische Kuhmilch, genoss den köstlichen Schlagrahm und aß mich alle Tage richtig satt. Manchmal hatte ich mir so sehr gewünscht, meine Geschwister hätten etwas davon abbekommen. Auf dem freien Platz vor dem Haus ließ es sich prächtig spielen und herumtollen.

Wir spazierten die wenigen Schritte zum Rauschberg, liefen an den Froschsee, wanderten jede Woche nach Ruhpolding, sahen uns den Märchenwald an, und besuchten den Gletschergarten bei Inzell. Zum Gipfelkreuz des Rauschbergs durfte ich, der Anstrengung wegen, nicht mit aufsteigen. Ein wenig traurig stellte ich mir einen Stuhl vor die Balkontüre unseres Zimmers und wartete geduldig – es dauerte lange – bis die Bergwanderer oben ankamen und mir zuwinkten. Später, als ich mich schon gut erholt hatte, durfte ich mit auf den Kienberg hinauf. Ein Tagesausflug zur Insel Herrenchiemsee, mit Schifffahrt und Schlossbesichtigung, war für uns alle ein besonderes Erlebnis. Einmal in der Woche war Schreibtag. Wir schrieben Briefe und Ansichtskarten nach Hause und bekamen Post von daheim. An Regentagen und bei schlechtem Wetter vertrieben wir uns die Zeit im Haus mit allerlei Spielen, Lesen, Malen und Basteln. An manchen Tagen gab es auch ein bißchen Unterricht. So vergingen die ersten Wochen im Flug. Es wurde Herbst. Die Blätter färbten sich kräftig bunt und wir mussten Mützen aufsetzten, weil ein kalter Wind wehte. Plötzlich waren die ersten sechs Wochen vorüber und die Mädchen und Jungen machten sich auf die Heimreise. Auch von Ursel musste ich mich verabschieden. Ich hatte noch einmal sechs Wochen Aufenthalt vor mir.

Bis die Neuankömmlinge eintrafen, wurde im Haus gewerkelt, gewienert und geputzt und alles auf Hochglanz gebracht. Während der drei „kinderlosen Tage" war ich mit Tante Mathilde zusammen. Sie umsorgte mich, und mir gefiel es bei ihr in ihrem Zimmer unter'm Dach. Manchmal las sie mir etwas vor, oder wir plauderten einfach miteinander. Sie zeigte mir Fotos, erzählte mir begeistert von Paraguay, dem Land, in das sie in bald auswandern wollte, und schenkte mir bunte Briefmarken für meinen Vater. Wir gingen zusammen spazieren und sonntags unternahmen wir einen Ausflug nach

Siegsdorf zum Kloster Maria Eck auf dem Egger Berg. Von Ruhpolding fuhren wir mit dem Zug nach Eisenärzt und stiegen von dort zur Wallfahrtskirche hinauf. Unser Fußmarsch wurde mit einer herrlichen Aussicht zum Hochgern und Hochfelln belohnt. Oben angekommen, sahen wir uns die Kirche an und kehrten zur Mittagspause im Klostergasthof ein.

Eine neue Kindergruppe zog im Labenbachhof ein. Ich musste mein bisheriges Zimmer verlassen, da es für das Personal gebraucht wurde, und quartierte mich mit Christa und Gunda in einem Dreibettzimmer ein. Der gewohnte Blick zum Rauschberg fehlte mir anfangs, doch auch der Ausblick hinunter ins Tal zur Alpenstraße war mir bald vertraut. Noch gab es eine Menge sonniger Herbsttage. Dann fing es, fast ohne Übergang, auf den Berggipfeln zu schneien an. Und eines Tages, über Nacht, lag das ganze Land unter einer dicken Schneedecke. Viele Rodelschlitten wurden aus dem Sommerschlaf geholt und ein ausgelassenes Treiben begann. Unermüdlich sausten wir, meist zu zweit auf einem Schlitten, die lange Abfahrt den Berg hinunter und zogen die Schlitten geduldig wieder hinauf.

Bald brannte die erste rote Kerze auf dem riesigen Tannenkranz im Aufenthaltsraum. Wir sangen Advents- und Weihnachtslieder, lernten Reime auswendig und übten ein Spiel von der „Herbergssuche" ein, bei dem ich mitmachen durfte. Eines Morgens als wir aufwachten und aus dem Fenster gucken wollten, trauten wir unseren Augen nicht. Was war geschehen? Das Haus war bis zum ersten Stockwerk eingeschneit. So hoch lag der Schnee, dass er bis an die untere Kante des Balkons reichte und die Fenster verdunkelte. So etwas hatte weder ich, noch die anderen Kinder bisher erlebt. Es dauerte lange an diesem Tag, bis wir aus den unteren Räumen wieder nach draußen sehen konnten. Eine riesige Schneemauer, viel größer als wir selbst, war aufgeschaufelt und ein

schmaler Gehweg rund ums Haus angelegt. Was für ein Hei-
denspaß, hinauszustürmen und an den Schneewänden entlang ums Haus zu laufen.

Am 6. Dezember kam der Nikolaus. Nicht allein. Ein ruppi-
ger, wenig Vertrauen erweckender Geselle, der Krampus,
war bei ihm. Und der wusste leider verdammt gut Bescheid
über Schandtaten, die wir selbst längst vergessen hatten. Kein
Wunder, dass uns angst und bange wurde. Der „Heilige
Mann" aber war gütig. Willig nahm er unsere Reue, unsere
Versprechungen und alle unsere guten Absichten in sein Gol-
denes Buch auf, und beschenkte uns reichlich mit Obst und
Süßigkeiten.

Eines Abends, das Essen war gerade vorbei, brach draußen
vor dem Haus ein Höllenlärm los. Eine Horde Perchten stürmte
mit Geschrei, Laternen, Glockenbimmeln und Kettenklirren
in die Stube. Brachten Nässe und Kälte mit herein. Furcht-
erregende, häßliche Gestalten, die uns erschreckten. Sie wollten den Winter vertreiben, hieß es. Trotzdem fühlten wir uns
nicht wohl bei diesem Auftritt und waren heilfroh, als die
wüsten Gesellen, nachdem sie in der Küche bewirtet waren,
blitzschnell, mit Ohren betäubendem Radau und wildem
Gejohle wieder in der Dunkelheit verschwanden. Rasch ging
es auf Weihnachten zu und langsam näherte sich der Tag der
Heimfahrt. Am letzten Adventssonntag führten wir das ein-
studierte Spiel auf. Jedes Kind bekam ein Geschenk und eine
Nachricht vom Christkind. Nachdem ich in den zwölf Wochen
meines Hierseins tüchtig zugenommen hatte und mir nichts
mehr so richtig passen wollte, erhielt ich einen Rock geschenkt
und eine Karte auf der geschrieben stand: „Deine Kleider
wollen dir nicht mehr passen, darum hab ich dir eins machen
lassen."

Dann war es soweit. Wir Kinder sagten „Ade". An einem frischen Dezembermorgen wartetet ich mit allen „Heimkehrern" an der Haltestelle Labenbach auf den Bus zum Bahnhof Ruhpolding. Ein letzter Blick zum Rauschberg, auf den Kienberg und die Berge ringsherum, die im Winterschlaf erstarrt waren. „Kölli", der gute Geist des Rauschberggipfels ist uns auf unseren Streifzügen nicht begegnet. Aber damals gab es den Holzgeisterweg auf seinen Berg hinauf auch noch nicht. Der Abschied war mir nicht leicht gefallen. Später erst, im Zug nach Nürnberg, trocknete die dicke Träne, und ich freute mich auf daheim, auf das Wiedersehen mit meinen Eltern und Geschwistern und auf Weihnachten.

Heimweh? Ob ich Heimweh hatte? Ich glaube, nein! Gewiß dachte ich oft an daheim, an meine Familie, an die Freundinnen, an unsere kleine Stadt. Freilich fehlte mir das alles manchmal. Doch immer nur kurze Augenblicke.

Es gibt ihn noch immer, den Labenbachhof. Das Kindergenesungsheim der Inneren Mission, im Besitz der Rummelsberger Diakonie, wurde später von den Rummelsberger Anstalten als Freizeitstätte genutzt. In den Jahren danach entstand mit einem zusätzlichen Gebäude auf dem Hofgelände ein Freizeit-, Schulungs- und Tagungszentrum, das durch Ankauf und einer großzügigen Unterstützung der Landeskirche von der Stiftung Wings of Hope erworben wurde.

Ich hoffe, dass noch viele Menschen – so wie ich einst – inmitten dieser herrlichen Bergwelt genesen und zu Kräften kommen können. Für mich bleibt die Zeit dort unvergessen.

Großvaters Vermächtnis

„Gehst zum Kirchhof, Oma?"
„Ja, Kind, willscht mied?" Freilich wollte ich.
„Ich sag Mama schnell Bescheid, Oma, dann komm ich nach!"

Beinahe in Sichtweite war der Friedhof nur wenige Meter von
unserer Wohnung entfernt. Oma musste am Haus vorbei, wenn
sie dort hin wollte. In diesem Jahrhundertsommer gab es
viele heiße Tage, und es regnete kaum. Deshalb kam sie oft
vorbei, gegen Abend, wenn die Hitze nachließ, um die Gräber
zu gießen, die sie für einige Bauernfamilien aus den umliegenden Dörfern pflegte. Während sie die Pflanzen goss, hüpfte
ich gerne auf den engen, holprig gepflasterten Wegen und
den schmalen Grasstreifen zwischen den Einfassungen über
den Kirchhof, den Oma auch Gottesacker nannte. Vor allem
die uralten, hohen, verwitterten Grabsteine mit ihren verschnörkelten Inschriften, die einst gold- und silberfarben glänzten,
jetzt aber kaum noch zu lesen, die Zahlen schlecht zu entzif-
fern waren, hatten es mir angetan. Mit Vergnügen errechnete
ich, wie alt die Menschen geworden waren, die im 17. und
18. Jahrhundert geboren und hier begraben waren. Dabei entdeckte ich in Stein gemeißelte Vornamen, die ich eigentüm-
lich und sehr lustig fand. Die Männer hießen oft David, Jakob,
Adam, Hieronymus oder Valentin. Selbst die Namen der Hei-
ligen-Drei-Könige, Caspar, Melchior und Balthasar waren ver-
treten. Die Frauen rief man in dieser – mir so fernen – Zeit
häufig Magdalena, Kunigunde, Wilhelmine, Amalie, Sophie
und Cäcilie. Niemand in meiner Klasse oder jemand, den ich
kannte, hatte so einen komischen altmodischen Vornamen.
So freute es mich, spielerisch, immer wieder Neues aufzu-

spüren. Schnell und ohne Langeweile verging die Zeit bis
Oma mit ihrer Arbeit fertig war. Sollte mich der Tod erschre-
cken? Nein! Noch war er bedeutungslos und nicht wirklich.
Klar. War ich doch erst zehn Jahre alt. Omas Gottesacker war
für mich ein unglaublich interessanter, geheimnisvoller, aber
keineswegs unheimlicher Ort.

Nicht nur mit Großmutter kam ich hierher. Auch mit meinen
Spielkameradinnen und den Geschwistern lief ich oft durch
den Friedhof, wenn wir den Weg zum »Schindfeld« abkürz-
ten. Das Schindfeld, auf dem noch das verlassene Haus des
Schinders stand – dessen Dienste nicht mehr gebraucht wurden – war eine große, leicht abschüssige Wiese mit kargem
Graswuchs und kümmerlichen Apfel- und Birnbäumen, auf
der etliche Ruhebänke und Tische standen. Für uns Schul-
und Kindergartenkinder war sie ein Riesengroßer Spielplatz,
für den Schäfer Weidefläche für seine Tiere. Zog er mit seinen
Schafen weiter, rückten wir Kinder mit Schaufel und Zink-
eimerchen an, um die begehrten »Schoofbäbberlie«, die die
Schafe hinterlassen hatten, zum Düngen für die Gemüsegär-
ten aufzusammeln. Noch war die Ernte aus dem eigenen Garten ein lebenswichtiger Bestandteil der täglichen Nahrung.
Denn noch immer gab es Lebensmittelmarken.

Wenn wir gemeinsam über den Friedhof gingen und es fiel
uns auf, dass eine Beerdigung bevorstand, führte uns der Weg
nicht selten in die Aussegnungshalle. Dann schauten wir durch
riesige Glasscheiben die Verstorbenen an. Wir dachten uns
nichts dabei – staunten allenfalls. Ein einziges Mal nur waren
wir erschrocken und betroffen – damals im Frühjahr – als ein
kleiner Bub, auf dem Heimweg vom Kindergarten, im Hoch-
wasser der nahen Sulzach ertrank. Von da an kamen wir eine
Zeitlang nicht wieder her. Bis dahin war auch noch niemand
aus unserer Schar bei einer Beerdigung dabei gewesen.

Anfang Oktober 1949 waren die Tage noch immer sommerlich warm. Großvater war wieder krank geworden. Öfter schon in diesem Jahr war er immer wieder ein paar Tage lang bettlägerig. Nie zuvor war er ernsthaft krank gewesen. Hatte er Beschwerden, half ihm ein Aufguss aus Heilkräutern, die er selbst sammelte und mischte, oder die selbstangesetzte Mixtur aus Arnika und Ameisenspiritus rasch wieder auf die Beine. Wunden versorgte er grundsätzlich mit zu Brei geklopften Meerzwiebelblättern und Jod. Weiter zählten Kamillenblüten, Borwasser und essigsaure Tonerde zum festen Bestandteil seiner Hausapotheke. Jetzt aber konnte ihm scheinbar nur noch der Arzt helfen. Schon seit gut zwei Wochen verließ er das Bett nicht mehr. Deshalb war die wuchtige Bettstatt mit dem geschwungenen Kopfteil und den glatten Holzkugeln, rechts und links auf den Bettpfosten von der Schlafkammer in die Wohnstube gebracht und links neben dem Fenster – das auf den Scheunenplatz hinaus zeigt – aufgestellt worden. Opa schlief jetzt viel und wir mussten uns still verhalten wenn wir kamen, um ihn nicht zu wecken. Doch auch wenn er aufwachte, durften wir nicht mehr zu ihm in die Stube. Das machte mich sehr traurig. Was war bloß los mit ihm, warum war er so krank geworden? Das wollte mir keiner sagen.

„Großvater ist krank". Aus und basta, war die Antwort auf jede Frage. »Herzwassersucht«, schnappte ich einmal – nicht für meine Ohren bestimmt – auf.

Ich hatte Masern, Scharlach, Keuchhusten, Mumps, Diphtherie, sehr oft Mandelentzündungen und alles mögliche gehabt. Aber »Herzwassersucht« – was mag das sein? Ich verriet nicht, was ich gehört hatte, fragte aber:
„Opa ist bald wieder gesund, Mama?"

Mutter sah mich kurz an, schwieg und ging schnell weg. Hatte sie mich nicht gehört?

Was war los mit ihr? Ich versuchte es noch einmal und wandte mich an Oma:

„Gell, Oma, Opa ist bald wieder gesund?"

„Kind, I waas nidd. Des waas ner der Himmelvadder!"

Warum weiß es niemand? Warum nur der Himmelsvater? Überzeugt davon, dass er bald wieder gesund sein würde, zweifelte ich nicht an Opas Genesung. Bald würde er wieder auf dem Drehstuhl seiner Schusterbrücke sitzen, lustig sein und mit mir scherzen. War ich doch Opas Liebling. Überhaupt, liebte ich meine Großeltern über alles. Seit ich spreche, seit ich laufen konnte, und wahrscheinlich schon viel früher, waren Opa und ich ein Herz und eine Seele. Alles, was Großvater mied, das mied auch ich, alles was er gerne mochte, das mochte ich auch. Schnell übernahm ich seine Essgewohnheiten und Eigenheiten. Kurzum, Opa war in allem mein großes Vorbild.

Dienstag, der 11. Oktober 1949 – Mutters 41. Geburtstag. Um ihren Teller auf dem Frühstückstisch hatten wir Geschwister – wie immer – einen Kreis aus ein paar letzten bunten Feldblumen gelegt. Dann gratulierten wir ihr, eine nach der anderen und überreichten unsere selbstgebastelten Geschenke und kleine Bildchen, die wir von unserem Onkel Cornelius, der Kunstmaler war, erbettelt hatten. Mutter war an diesem Morgen merkwürdig schweigsam. Sie freute sich nicht so, wie wir es gewohnt waren und bedankte sich nur kurz. Hatte es etwas mit uns zu tun?

„Mama, geht's dir nicht gut?"

„Doch, mir geht's gut, keine Sorge!", antwortete sie auf die Frage meiner Schwester Cornelia. Aber irgendetwas war anders an diesem Morgen. Wir drei Großen machten uns auf den Schulweg und Mutter brachte Elfi in den Kindergarten.

Am Nachmittag trafen wir uns alle, Mutter mit ihren Schwestern, unseren Tanten Lina und Marie und ihrem Bruder Wilhelm, zusammen mit den Cousinen, die alle im Ort wohnten, im Haus der Großeltern. Schade, dass wir Großvater wieder nicht besuchen durften. Doktor Gutsch war gerade bei ihm, als wir ankamen.

„Opa ist müde. Er muss schlafen",

tröstete mich Mutter, nachdem der Arzt weg war. Dann spielten wir Kinder in der milden Oktobersonne, draußen auf der Straße vor dem Haus, während die Erwachsenen in der Wohnküche beieinander saßen.

Dazwischen schlich ich mich immer wieder verstohlen ins Haus. Wollte meinem Opa guten Tag sagen. Er sollte wissen, dass ich in seiner Nähe war. Obwohl ich deutlich spürte, dass etwas nicht stimmen konnte, ohne Erlaubnis einfach die Tür öffnen, traute ich mich nicht. Ich nahm meine Hand wieder von der Türklinke und drückte mich beunruhigt in die Ecke des Hausgangs, die der Küchentür gegenüber lag und lauschte.

„Heid frieh", hörte ich Oma sagen,
„hobb I feschd glaabt, dass mi'm Vadder widder besser werd. Denkt eich, er hadd aus seiner Bettschdadt raus gwelld, ans Fenschter hie. Senn ner bloos a boor Schriettli, obber alaa wors nidd so aafach. I hoob'n helfa gmißt. Nachderla is er lang auf'm Schduehl am Fenschter g'hockt und haad a ganze Waal naus g'schaut af'n Scheireplatz. Schbähder hobb in widder in sei Bett nei g'holfa. Middoch is nachert schlechter wora mit'm. Dr Dokter Gutsch hadd mer vorhin kannerla Hoffnung mehr g'macht. Es geht z,end mit'm."

Dann hörte ich Weinen. Was heißt das: *„Es geht z,end"?* Die Worte wiederholten sich fortwährend in meinen Kopf ohne, dass ich verstand, was sie bedeuteten.

Es war kühl geworden, als ich wieder auf die Straße hinaus-
ging zu den anderen. Die Sonne verabschiedete sich gerade,
mit einem leuchtenden Abendrot hinter den Häusern, als Mutter uns heimschickte. Sie blieb mit ihren Schwestern noch bei
Oma. Wenig später, als wir weg waren, ist Opa, fünf Tage vor
seinem 73. Geburtstag – an Mutters Geburtstag – gestorben.

Großvater war tot. Noch war das Geschehen unwirklich –
unfassbar. Nur soviel verstand ich sofort: Unversehens war
der Tod, den ich auf den Streifzügen durch den Friedhof gar
nicht wahrgenommen, nicht ernst genommen hatte, dieser
selbstverständliche Tod, grausam und schrecklich geworden.
In dieser Nacht weinte ich mich lange in den Schlaf, in Gedanken unterwegs mit meinem Opa.

Zusammen mit meiner Cousine Erika, die ein gutes Jahr älter
war, durfte ich an seiner Beerdigung teilnehmen. Alle jüngeren Enkelkinder – Linda, Cornelia, Elfi, Margot, Hannelore,
Renate und Cornelius – versammelten sich unter Lindas Auf-
sicht in Tante Linas Wohnung, bis alles vorbei war und der
»Leichtrunk« bei Oma gehalten wurde.

Großvaters Sarg war in der Michaelis-Kirche auf dem Friedhof aufgebahrt. Unaufmerksam und abwesend folgte ich dem
Trauergottesdienst nur mühsam und hörte Pfarrer Löhr zu,
der über Opas Lebenslauf sprach. Die kurze Strecke von der
Kirche bis zum Grab, die mir an diesem Tag unendlich lang
erschien, lief ich – wie im Traum – neben Erika. Auf einmal
stand ich ganz vorne an der ausgehobenen Erdgrube. Sah
durch einen dichten Tränenschleier hindurch, wie Opas Sarg
sich langsam hinein senkte. Alles um mich herum verschwamm
im Nichts.

Es dauerte lange, bis ich endgültig in die Realität zurückfand.
Seit diesem schmerzlichen Erlebnis war alles um mich nur

noch trostlos, traurig und finster. Den allermeisten Trost in dieser dunklen Zeit fand ich ausgerechnet bei meiner lieben Oma, die doch selbst mit ihrem Leid zurecht kommen musste, in Opas vertrauter Umgebung. Oma war fromm und verstand es, mir wieder Mut zu machen. In diesen Tagen lernte ich, zunächst wohl noch unbewusst, was Verlust bedeutet. Ich lernte, der Trauer einen Ort zu geben – ihr den Platz einzuräumen, an dem ich glücklich und zufrieden war. Und plötzlich wusste ich ganz genau, dass Leben und Sterben untrennbar miteinander verbunden sind. Diese Erfahrung und das Bewusstsein, dass das Unabänderliche allgegenwärtig ist, hat mich danach in meinem Leben, wie ein Vermächtnis meines Großvaters begleitet, mir Kraft gegeben, es auszuhalten, anzunehmen und mein Leben getrost in Gottes gütige Hand zu legen.

122

Meine liebste Lehrerin, meine besten Lehrerinnen und Lehrer

Keinen einzigen Namen meiner Lehrerinnen und Lehrer habe ich vergessen. Einige heben sich deutlich hervor. Sie sind mit meiner persönlichen Entwicklung eng verbunden und haben einen besonderen Patz in meiner Erinnerung.

Lehrer Peter Leiß, den die Natur ein wenig stiefmütterlich bedachte, der zwergenhafte, jähzornig prügelnde, neugierige Lehrer Leiß, der uns in der sechsten Volksschulklasse, Mädchen und Buben, achtundfünfzig Schüler, in einer Klasse, gemeinsam unterrichtete, gehörte dazu. Den gesamten Lehrstoff für das Schuljahr paukte er im ersten Halbjahr in unsere Köpfe. Danach beschäftigte er uns mit Aufgaben derselben Jahrgangsstufe aus den Lehrbüchern des Gymnasiums. Wir lernten ungeheuer viel bei ihm. Auch längst vergessene, alte Lieder, wie *„Laue Lüfte fühl ich wehen, goldner Frühling taut herab...“*, *„Vom Barette schwingt die Feder, wiegt und biegt im Winde sich...“* und Gedichte, wie *„Beim Totengräber pocht es an, tu auf die Tür, du greiser Mann...“*, oder *„Die Winde gehen müde, wehklagend um das Haus...“* und viele andere, lernten wir auswendig. Unser unvergessener »Leißen-Peter«, der ein bisschen schielte, beim Reden Tröpfchen spuckte und den Geigenbogen wie ein singendes Schwert über unsere Köpfe schwang. Der die erste halbe Unterrichtsstunde damit zubrachte, uns nach Neuigkeiten aus dem Städtchen auszufragen und uns seinerseits bereitwillig mit denselben versorgte. Trotz seiner Raubeinigkeit lernten wir soziales Verhalten von ihm. »Alle oder Keiner«, sein Motto. Nicht selten schleuste er weniger begüterte Schüler, wenn Eintrittsgelder fällig wurden, trickreich an der Kasse vorbei. Auf ungezählten Wanderungen in Wald und Flur lernten wir nicht nur viele Bäume kennen, wie Ahorn, Eiche, Birke, Buche und noch mehr, sondern auch die Namen der Blumen, wie Kuckucksblume, Buschwindröschen, Schlüsselblume, Hahnenfuß, Storchenschnabel, Trollblume und Blutströpfchen, die in den Wiesen und an den Wegrändern wuchsen.

Der Direktor unserer neugegründeten, dreiklassigen staatlichen Mittelschule, deren erster Schülerjahrgang wir waren, unser »Direx« Karl Wirth, zählt ebenfalls zu meinen besonderen Lehrern. Selbst, wenn es mich noch immer ein wenig ärgert, dass er seine Drohung wahr machte und meine Deutschnote – meiner miserablen Schrift wegen, die ich nicht zu ändern bereit war – um eine Note schlechter ausfiel und seinetwegen eine »Drei« in meinem Abschlusszeugnis stand. Direktor Wirth organisierte die alljährliche Klassenfahrt, die zu dieser Zeit noch eine seltene Ausnahme war. Sie wurde für beide Klassen, siebzig Schüler, Mädchen und Buben, gemeinsam durchgeführt. Um den Geldbeutel der Eltern zu schonen und allen Schülern die Teilnahme zu ermöglichen, ging Direktor Wirth zuvor immer Zuschüsse »betteln«, beim Kultusministerium und beim Landrat, im Rathaus, bei Parteien, beim Kreisbildungswerk, bei Geschäftsleuten und großen Firmen. Im ersten Schuljahr waren wir vier Tage – vom 09. bis 12. Juli 1953 – in Mainfranken und an der Tauber unterwegs und lernten dabei viel Sehenswertes kennen, getreu seinem Leitmotiv:

„Wanderest tu,
bräuchst nit nur din Füß,
sundern auch din Augen,
sundern auch din Kopf,
sundern auch din Hertz."

(Alte Hausinschrift in Weimar)

In einer einfachen Jugendherberge, der alten Ölmühle von Waldenhausen an der Tauber, schliefen wir auf Strohsäcken. Tagsüber fuhren wir manchmal ein paar wenige Strecken mit der Lokalbahn. Überwiegend aber wanderten wir auf »Schusters Rappen«. An einem glutheißen Sommertag, zwölf Kilometer Fußmarsch eines Bildes wegen, nach Stuppach, zur »Grünewald Madonna«. Auf dem Schiff, von Wertheim nach Miltenberg, durchfuhren wir drei Mainschleusen. Im Veitshöchheimer Schlosspark erlebten wir ein Rokokomärchen und Würzburger Barock in Residenz und Hofgarten. Wir verweilten am Grab des Minnesängers Walther von der Vogelweide im Lusamgärtlein neben der Neumünster-Kirche. Im Kreuzgang des alten Zisterzienserklosters Bronnbach, im unteren Taubertal, das von Kapuzinermönchen bewirtschaftet wurde, lernten wir romanischen und gotischen Baustil kennen. In Bad Mergentheim lauschten wir der Geschichte vom Schäfer, der den Heilbrunnen entdeckte und spürten etwas vom Reiz einer Kurstadt. Wieder in der Herberge, durften die Buben mit dem Herbergsvater in der nahen Tauber angeln, während wir Mädchen die Umgebung erkundeten. Später, nach dem Abendbrot, saßen wir dann alle beim knisternden Lagerfeuer, sangen Wander- und Abendlieder und gruselten uns beim Erzählen von Gespenstergeschichten. Recht hatte er, unser »Direx«, mit seinem Wahlspruch: *„Jungsein, Sommerzeit und Wandern, die drei gehören zusammen"*.

Direktor Wirth öffnete unseren Blick für Naturschönheiten, Kunst, Land und Leute und die Menschen die uns begegneten. Wieder daheim, schrieben wir gruppenweise Aufsätze über unsere Eindrücke. Fünfundzwanzig Themen, wie: »Berühmte Männer aus Würzburgs Vergangenheit«, »Im Heiligtum der Franken«, »Ich saß auf einem Steine« und andere, standen zur Auswahl. Die besten wurden in einem bebilderten Fahrtenheft, das ich noch immer besitze, zusammengefasst. Ich war stolz, dass auch mein Beitrag mit dem

Titel »Es ist ein harter Schluss – Abschied von der Ölmühle«, darunter war.

Die zweite, mehrtägige Reise führte uns durch die Rhön, an den Rhein und ins Ruhrgebiet. Wir sahen den Mäuseturm in Bingen, die Loreley, die Burg Pfalzgrafenstein am Rhein und das Dreiländereck. Besuchten nicht nur geschichtsträchtige Sehenswürdigkeiten, wie die Dome in Fulda, Speyer, Worms und Köln, sondern auch Betriebe, die unseren Ausflug sponserten. Darunter eine Glasfabrik, ein Ammoniakwerk und eine Steinkohlezeche in Duisburg-Hamborn – Übertage für die Mädchen, Untertage für die Knaben. An der Mündung der Ruhr in den Rhein, lernten wir bei einer Hafenrundfahrt in Duisburg, den größten Binnenhafen Europas kennen. In Attendorn besuchten wir Deutschlands größte Tropfsteinhöhle und in der ehemaligen Bundeshauptstadt Bonn Beethovens Geburtshaus. Im Bundeshaus erlebten wir als Gäste von der Zuhörertribüne aus eine Plenarsitzung mit dem ersten Kanzler der Bundesrepublik Deutschland, Konrad Adenauer. Auf unserer Reise übernachteten wir in Jugendherbergen, auf Burg Stahleck hoch über dem Rhein, in Witten, Düsseldorf und im Bergwerks Casino in Duisburg.

Am Ende der dritten Klasse, im Abschlussjahr – wir Mädchen waren damals zwischen sechzehn und neunzehn Jahre alt – »erholten« wir uns, ohne Knaben, von den Prüfungsstrapazen im Schwarzwald, jedoch nicht ohne Sehenswertes damit zu verbinden. Das Ludwigsburger Barockschloss lag auf unserem direkten Weg, ebenso die Hermann Hesse Stadt Calw an der Nagold, Schillers Geburtshaus in Marbach am Neckar und Hirsau. In Hirsau, verband uns Geschichte mit unserem Heimatort. Denn Hirsauer Benediktinermönche erbauten etwa in der 2. Hälfte des 12. Jahrhunderts den Feuchtwanger Kreuzgang. Absoluter Höhepunkt dieser Fahrt war die Anhörung einer Sitzung des Europarats in Straßburg. Und es machte fast gar nichts, dass die Jugendherberge in der Nähe von Freiburg etwas abgewirtschaftet war und es zum Abendessen einmal Erbseneintopf mit Pferdewurst gab.

Direktor Karl Wirth, dessen Unterrichtsstunden von Verständnis für uns junge Menschen geprägt waren, konnte uns durch die Klassenlektüren »Hermann und Dorothea« von Goethe, Schillers »Kabale und Liebe«, »Jedermann« von Hugo von Hofmansthal und andere Dichtungen für Literatur begeistern. Und nicht nur durch den alljährlichen Pflichtbesuch der Kreuzgangspiele am Ort, gelang es ihm bei uns Interesse für Kunst und Kultur zu wecken.

Frau Hildegard Evers, die uns ein Jahr lang als Klassenlehrerin begleitete, vermittelte uns die Liebe zur Musik und zum gemeinsamen Singen. Unvergessliche Themenliederabende mit dem Auswahlchor der Schule begleitet von Instrumentalmusik des Lehrkörpers und Gedichtvorträgen von Schülerinnen und Schüler, gehörten unter ihrer Leitung zu den kulturellen Veranstaltungen im gesamten damaligen Feuchtwanger Landkreis. Daneben traten wir Schülerinnen und Schüler auch bei kirchlichen Festen und zu besonderen Anlässen, z.B. im Krankenhaus und Altersheim, auf.

Pfarrer Werner Frommberger, unserem Religionslehrer, der mich konfirmierte, gelang es, auf unkonventionelle Art, seine Unterrichtsstunden lebendig zu gestalten und Glaubensinhalte nachhaltig zu vertiefen. Ich erinnere mich, wie eindrucksvoll wir mit ihm die Missionsreisen des Paulus und seiner Begleiter nacherlebten. Wir diskutierten oft lange mit ihm über Kirchengeschichte und andere Religionen. Zu Beginn jeder Religionsstunde musste, eher durfte, jeweils eine Schülerin eine kurze Andacht vorbereiten und halten. Dafür konnten wir ein beliebiges Bibelwort und ein passendes Lied aus

dem Gesangbuch wählen und einen kurzen Text dazu ver-
fassen.

Fräulein Neidhard aber, der mütterlichen Lehrerin der ersten
Volksschulklasse, die auf wunderbare Weise die Weichen für
das alles stellte, ist mein innigstes Dankeschön gewiss.

Alles für die Katz

Auf dem kleinen gepflasterten Hof vor dem Alten Spital in Feuchtwangen – in das wir vor mehreren Monaten vom Vorderen Spitzenberg umgezogen waren – trieb sich neuerdings, sehr zum Spaß meiner Schwestern Linda und Elfi, eine Katze mit grauweißem Fell herum. Sie war zutraulich und verspielt, und sooft sie auftauchte und meine Geschwister sie entdeckten, begann ein fröhlicher Zeitvertreib. Auch unser Vater mochte die Katze leiden. Mutter und meine Schwester Cornelia dagegen akzeptierten das fremde Tier nur ungern. Und ich selbst konnte mich ebenso nicht recht mit ihr anfreunden.

„Ihr könnt meinetwegen gern mit ihr spielen", sagte Mutter gleich am Anfang ihrer Besuche, *„aber ins Haus kommt sie mir nicht! Verstanden? Ist das klar!?"*.

Wo die hübsche Streunerin herkam und wo sie hingehörte, konnten wir nicht herausfinden. Immer häufiger kam sie in unseren kleinen Hof. Linda nannte sie »Mucki«. Ob sie dabei an das Märchen von Wilhelm Hauff und den »Kleinen Muck« dachte? Rasch hörte die Katze darauf, wenn man sie so rief. Erst selten, dann aber immer öfter, »verlief« Mucki sich – nicht etwa zufällig – sondern vorsätzlich und unauffällig eingeschmuggelt, in unser Zuhause, aus dem sie – sobald Mutter dahinter kam – umgehend wieder an die Luft gesetzt wurde. Doch unsere Mieze war schlau und einfallsreich. Erst einmal Fuß gefasst, entwickelte sie undurchschaubare Strategien und trickste Mutter, wenn es um ihre Beförderung nach draußen ging, jedes Mal aus. So schnell konnte Mutter sie nicht wieder

loswerden. Wenn sie auftauchte, verschwand der flinke Stubentiger in irgendeinem unauffindbarem Versteck. Gab sie die Suche genervt auf, war sie plötzlich, ohne ihren Schlupfwinkel preiszugeben, wie aus dem Nichts wieder da. Es hatte ganz den Anschein, dass Mucki das Treiben, das daraufhin stets von Neuem begann und solange dauerte, bis es irgendwann erfolgreich endete, genau so gut gefiel wie uns Kindern. So vergingen die Tage, bis das ständige Bitten und Betteln von Elfi und Linda endlich Wirkung zeigte. Mutters Standhaftigkeit begann allmählich zu bröckeln. Noch war ihre Anweisung nicht aufgehoben. Doch es dauerte nicht mehr allzu lange und der kleine Wildfang machte sich's in unserem Wohnzimmer bequem. Mieze erhielt Vollpension und Familienanschluss.

Eines Tages, Mucki wohnte nun schon eine Weile bei uns, war ich – ich besuchte damals die Abschlussklasse der Staatlichen Mittelschule – am großen Wohnzimmertisch mit dem Überarbeiten einer bereits benoteten Schularbeit beschäftigt, als Mutter mich kurz in die angrenzende Küche rief. Zurück bei meiner begonnenen Arbeit, stellte ich erschrocken fest, dass sie nicht mehr auf dem Tisch lag. Laut schrie ich:

„Mein Aufsatz ist weg!" als ich ihn auch auf dem Fußboden nicht liegen sah.
Mutter hörte mich in der Küche, kam und versuchte mich zu beruhigen.
„Außer uns beiden ist niemand da, also, wie kann dein Aufsatz verschwunden sein? Überleg, wo du ihn zuletzt gehabt hast."
„Na hier, hier auf dem Tisch neben dem Heft, ich war fast fertig damit. Ich bin doch nicht blöd!", schrie ich gereizt und den Tränen nahe.

So oft ich es auch beteuerte, Mutter wollte es nicht glauben, dass die Blätter so mir nichts dir nichts verschwanden. Sie half mir aber trotzdem suchen.

„Sei ganz ruhig jetzt", sagte sie sanft, als ich dabei war, völlig durchzudrehen,
„wir werden sie finden, du hast sie sicher nur verlegt".

Gründlich nahmen wir uns zuerst die Schultasche vor. Nichts. Dann sahen wir uns im Raum um. Wieder nichts. Als der schwache Lichtstrahl der Taschenlampe unter das Sofa fiel, und wir beide auf Knien ihm hinterher spähten, keimte Hoffnung auf. Da unten, in einer dunklen Ecke, da lag etwas. Was wir aber dann hervorkramten, waren leider nicht die vermissten Blätter. Nur ein kleiner, weicher fransiger Papierklumpen kam zum Vorschein, den Mutter, ohne sich näher damit zu befassen, über ihre schlampigen Kinder murrend, zusammen mit ein paar kleinen Schnitzeln, in die Holzkiste unter dem Küchenherd warf. Auf dem Weg dorthin fiel ein Papierschnippel auf den Boden. Ich hob ihn auf, und während ich ihn hinterher trug, fiel mein Blick auf das Stückchen Papier in meiner Hand und ließ mich erstarren. Gleichzeitig wurde mir übel. O du meine Güte! Das war mein Aufsatz. Das was noch übrig war von der Schularbeit, die ich wieder abgeben musste, weil sie in der Schule aufbewahrt blieb. Wurde uns nicht fortwährend eingeschärft, besonders achtsam mit den Arbeiten umzugehen, wenn wir sie mit nach Hause nahmen? Und jetzt so etwas! Verzweifelt dachte ich darüber nach, wie ich den Vorfall unserem »Direx« beibringen wollte; anderentags würde ich ihm das Missgeschick in der Deutschstunde beichten müssen. Eine verdammt dumme Sache. Sie schlug sich augenblicklich so heftig auf meinen Magen, dass ich König Heinrich IV. Bußgang nach Canossa vergleichsweise für einen gemütlichen Spaziergang hielt. Indessen lag die Verursacherin meiner Höllenqualen, das grauweiß gefleckte, dahergelaufene

Biest so, als ginge sie das alles gar nichts an, als habe sie nicht das Geringste damit zu tun, zusammengerollt im kuschelig weichen Kissen, schläfrig auf dem Kanapee. Da hatte mir diese Kanaille ja was Schönes eingebrockt! Sollte ich nun ihr Literaturinteresse bestaunen, und sie etwa gar loben, dass sie meinen, ach so guten Aufsatz bis auf wenige schäbige Reste, in sich hineingefressen hatte? Das fehlte noch! Wütend grübelnd, wie das Ganze aus der Welt zu schaffen sei, holte ich die armseligen Überbleibsel aus der Holzkiste und packte sie in ein Stück Zeitungspapier. Am folgenden Morgen nahm ich all meinen Mut zusammen und gestand zu Beginn des Unterrichts meinem Klassenlehrer, Direktor Wirth, was geschehen war. Mit weichen Knien, wie ein Häufchen Elend, stand ich vor ihm. Ich drückte ihm die Überreste meiner Schularbeit, das kleine zerknüllte Papierknäuel in die Hand, entschuldigte mich, senkte schuldbewusst den Kopf und wartete auf seine Vorwürfe. Zu meiner Überraschung und Erleichterung ließ mein verständnisvoller Lehrer die Sache auf sich beruhen und nahm das Ereignis mit Humor. Schließlich lachte er mit meinen Klassenkameradinnen über unsere literaturhungrige Mucki, nahm den Knäuel und warf ihn mit den Worten, die wir später noch oft hörten:

„Da kann mer halt nix machen. Hat Katz g'fressn!", in den Papierkorb.

Bald sind Ferien

Seit Tagen lastete die Hitze auf der Stadt. Das Thermometer kletterte mittags auf nahezu unerträgliche 30 Grad. In ein paar Tagen war der Monat Juli zu Ende. Die letzten Schulstunden waren, wie schon in den vergangenen Tagen, »hitzefrei«. Bald würden Ferien sein.

Draußen im Garten war es ruhig um diese Zeit. Die Blumen ließen durstig ihre Köpfe hängen. Das Gras war an vielen Stellen auf dem rissigen Boden struppig braun geworden und ausgeblasst. Kaum ein Vogellaut. Kein Windhauch war zu spüren. Heiß flimmerte die Luft in der Mittagssonne.

Linda, meine zwei Jahre jüngere Schwester, stand unschlüssig am Fenster und überlegte, womit sie sich die Zeit vertreiben könnte, während ich noch über den Hausaufgaben saß. Schon viel zu lange, wie sie meinte.

„Freust du dich auf die Ferien?" fragte ich sie und hob den Kopf.
„Und wie! Hab die Schule satt. Bin heilfroh, dass ich sie eine Weile nicht seh' "
„Sieht dir ähnlich."
„Viel zu kurz, die paar Wochen. Und du?"
„Natürlich freu ich mich. Freu mich aber auch, wenn sie wieder anfängt."

Linda lachte laut – zu laut fand ich.
„Wie kann man nur so blöd sein. Sich auf die Schule freuen!?"
„Selber blöd!"

„Auf die Schule freuen... !!!"
„Ich tu's!"
„Ha, ha, ich krieg gleich 'nen Lachkrampf. Das bringst bloß du fertig"
„Du bist dumm und bleibst es. Faulenz nur so weiter. Solltest dich endlich bequemen!"

Ich wusste, Stillsitzen und Lernen sind nicht ihre Stärken. Trotzdem sollte sie sich, wie ich meinte, ein wenig mehr anstrengen.

„Bah, es reicht mir schon bis hierher", sagte sie und hob dabei die Hand unters Kinn,
„das ständige Gemecker von den Lehrern: ,Deine Schwester Anni, deine Schwester Anni', ich kann's nicht mehr hören!"
„Dann nimm dir halt mal ein Beispiel."
„Stre–ber–in, Stre–ber–in",

sang sie immerzu, unverschämt herausfordernd vor sich hin und hörte nicht auf, mich zu ärgern. Sie störte mich bei der Schularbeit. Und endlich hatte sie es geschafft, dass ich wütend wurde.

„Streng dich an! Schadet dir nichts!"
„Anstrengen macht nur Mühe. Wer die Arbeit kennt und sich nicht drückt, der ist verrückt."
„Guter Vorsatz!"
„Gell ja."
„Schämen würd' ich mich!"
„Wüsste nicht warum."
„In der Schule abschreiben, beispielsweise."
„Na und, was ist schon dabei?"
„Na und, na und", äffe ich sie nach, *„wirst schon sehen, wo du bleibst."*
„Ach, wo denn?"
„Ganz sicher auf der letzten Bank."

„Bin ich vielleicht schon einmal sitzengeblieben?"
„Glück gehabt!"
„Ha, Fräulein Neunmalklug und Siebengescheit", dabei machte sie dieselben Verrenkungen wie der Hofnarr kürzlich im Kasperltheater und schielte mich mit funkelnden Augen an.
„Fräulein Neunmalklug sieht wieder einmal rabenschwarz und verkündet Unheil!", stichelte sie. *„Geht's dich was an?"*

Tat es nicht. Aber ich konnte Oberflächlichkeit nicht leiden.
„Pass auf, gleich platz ich!"
„Alle Mann in Deckung! Die Fetzen fliegen!"

Sie reizte mich immer mehr und ich könnte ihr, was-weiß-ich, tun. Wild mit der Hand fuchtelnd ging ich drohend ein paar Schritte auf sie zu. Sie war quirlig und wand sich wie eine Schlange. Sie wusste ganz genau, dass sie mich nicht fürchten musste. Ich wusste es auch. Also ließ ich es bleiben, fing aber aufs neue an zu stänkern.

„Erinner' dich mal an neulich."
„Wann neulich?"
„Als dich der Lehrer Engerer vor die Klassentür geschickt hat. Möcht' wissen, was du da wieder ausgefressen hast?"
„Das verrat ich ausgerechnet dir. Geht dich überhaupt nichts an."
„Und dann einfach abhauen und heimlaufen."
„Selber Schuld, der Herr Lehrer."
„Daheim hast du geschwindelt und erzählt, der Unterricht ist aus."
„Moment mal. Seh' ich vielleicht so aus, als müsst ich jedem, der mir auf dem Flur begegnet und mich ausfragen will, mitteilen, warum ich vor der Tür steh."
„Strafe muss sein!"
„Das kannst du ja tun, wenn's dir gefällt."
„Passiert mir schon nicht. Ich kann mich anständig aufführen."
„Ja, du Angeberin, sei ruhig hochnäsig!"
„Wer ist hochnäsig?"

„Na wer schon, duuu... Und was heißt hier geschwindelt?"
„Willst es vielleicht abstreiten?"
„Gibt nichts abzustreiten."
„Ach nein?"
„Ich hab nur gesagt, für mich ist die Schule aus. Nicht, dass es für die ganze Klasse gilt."

Eins zu Null für sie. Schlau war sie, das musste man ihr lassen. Außerdem hatte sie ja dafür gebüßt.

„Weißt du was", sagte sie gelangweilt und mit einem breiten, aufreizenden Grinsen, doch nicht ohne den ihr eigenen Charme, „ich hab nicht die geringste Lust, mich mit dir herumzustreiten. Draußen ist es viel zu schön. Ich geh ins Freibad zum Schleifweiher."

Packte ihre Tasche, verbeugte sich im Türrahmen elegant in meine Richtung, zog mir eine lange Nase, und weg war sie. Fragte nicht, ob ich mitkommen wollte. Eine Weile hörte ich sie noch die Gasse entlang pfeifen.

„Na warte", dachte ich, „komm du mir nur zurück, ich straf dich mit Verachtung. Kein Sterbenswörtchen red' ich heut mehr mit dir.". Und wusste ganz genau, ich schaffe es wieder nicht, ihr ernstlich böse zu sein.

Freundschaft ist
ein Licht in der Dunkelheit
eine offne Tür
eine starke Hand
fließendes Wasser
ein tröstendes Wort
ein kostbares Gut

Meine beste Freundin Betty

Sie ging mit mir zur Schule. In dieselbe Klasse. Von Anfang
an. Sie wohnte in der selben Straße, auf der selben Seite, nur
acht Häuser weiter, dort wo die Spitalstraße den Bogen zum
Marktplatz macht. Ich kannte sie schon lange: Betty. Nach
den Sommerferien 1952 besuchten wir, wie einige anderen
Mädchen und Buben unseres Jahrgangs, die erst kurz vor
Beginn des neuen Schuljahres eingerichtete, drei-klassige Staat-
liche Mittelschule. Zur gleichen Zeit bezog die Volksschule
ihren stattlichen Neubau an der Ringstraße, in der Nähe der
Turnhalle des TSV. Wir neugebackenen Mittelschüler bedau-
erten es sehr, dass wir nicht mehr dort einziehen durften,
sondern mit den Gebäuden unserer bisherigen Schule vorlieb
nehmen mussten.

Das Klassenzimmer im »Alten Kantorat« war uns also nicht
fremd. Dort, wo wir vor den großen Ferien, im abgelaufenen
Schuljahr die siebte Volksschulklasse beendet hatten, fingen
wir nun in der ersten Klasse Mittelschule wieder an. Nichts,
außer der Sitzordnung hatte sich in unserem Klassenraum
verändert. Je zwei Tische, an der kurzen Seite aneinander
geschoben, und vier Stühle bildeten jetzt eine Reihe. Fünf
Reihen hintereinander, links und rechts im Raum, durch
einen engen Gang getrennt. Betty saß in der ersten Reihe,
rechtsaußen, ich ebenfalls in der ersten Reihe, aber links
außen, sodass uns nur der Gang trennte. Doch das war
zunächst belanglos. Diesen Vorteil schätzten wir erst bei
Beginn unserer Freundschaft. Wie es zuging, dass wir uns
anfreundeten, wussten wir beide nicht mehr. Allein, ich bil-

dete mir fest ein – vielleicht auch nur – dass es mit einem Malkasten zu tun hatte, den sie mir auslieh. Irgendwie begann jedenfalls ein zartes Pflänzchen „Freundschaft" zu wachsen. Nicht lange, und wir traten im unzertrennlichen »Doppel« auf. Bald ließen wir auch unsere Geschwister an unserer Freundschaft teilhaben.

Seit wir Freundinnen waren, lernten wir fast täglich gemeinsam und halfen uns gegenseitig in den Fächern, die eine von uns beiden besser beherrschte. Weil nichts vollkommen ist, zankten auch wir uns gelegentlich. Herrschte Funkstille zwischen uns, verkehrten wir im Briefwechsel miteinander. Dann gab es Arbeit für Betty's Bruder Georg, zwei Jahre jünger als wir und gleichalterig mit meiner Schwester Linda, und für meine jüngste Schwester Elfi, die erst sieben Jahre zählte. Viel öfter als Georg traf es sie, den Postboten zu spielen. Unermüdlich trug sie Zettel mit unseren Botschaften von Haus zu Haus. Auf diese Weise führten wir, meist nur eine kurze Weile, unseren stillen Krieg fort, bis wir Waffenstillstand beschlossen und wieder Friede einkehrte.

Betty konnte Gitarre spielen. Zu ihren Klängen sangen wir gerne Lieder, wie sie uns gerade einfielen. Wir hatten viel Spaß dabei und dichteten nicht selten selbst einen Reim, zu dem wir eine Melodie erfanden. Und, weil unsere »Schöpfungen« meist so irrsinnig lustig waren, übten wir sie ausdauernd, laut und immer wieder von schallendem Gelächter unterbrochen, ein. Das ging solang gut, bis es Betty's Patin, einer stämmigen, resoluten Frau, die selbst gerne lachte, zu bunt wurde. Dann kam sie aus ihrem an die Wohnküche angrenzenden »Tante-Emma-Laden« gelaufen, schimpfte uns »alberne Schneegänsli« und gebot sofortige Ruhe, weil man unseren Höllenlärm bis in den Laden hörte.
„Was denkt sich denn da die Kundschaft. Wir sind doch hier kein Narrenhaus!", ihre Rede.

Langeweile kannten wir nicht. Hatten wir freie Zeit, fuhren wir mit unseren alten, klapprigen Fahrrädern durch den Wald, über Feldwege und gelegentlich auch ins zwölf Kilometer weit entfernte Dinkelsbühl. Dort besuchten wir Betty's spaßigen Onkel Hans und ihre fürsorgliche Tante Anna im Brauhaus und stärkten uns für die Rückfahrt mit einer zünftigen Brotzeit. Wir kochten klebrige Karamellbonbons, die so hart wurden, dass Georg sie mit dem Hammer in mundgerechte Stücke zertrümmern musste, damit wir sie lutschen konnten. Und hie und da – der Himmel mag uns verzeihen – stibitzten wir – nicht ohne Gewissensbisse – eine kleine Essiggurke aus dem großen Glas im Gemischtwarenladen der Patin. Oft saßen wir am kleinen Weiher bei unserem Schrebergarten außerhalb der Stadt, inmitten von Wiesen und Feldern, warfen kleine Steine ins Wasser, die glucksend ihre Kreise zogen, sahen den Schmetterlingen und Libellen zu und freuten uns am Gequake der Frösche. Dutzendmal umrundeten wir den Teich, stampften dabei am Uferrand auf, dass die Frösche erschreckt ins Wasser hüpften und plauderten über dies und das. Schwärmten von Jungen, die wir gerne sahen und verliebten uns in männliche Filmstars, in O. W. Fischer, Rudolf Prack, Adrian Hoven, Erich Auer und viele andere. Dabei träumten wir von einer phantastischen Zukunft und wollten endlich erwachsen sein. Ein Leben voller Geheimnisse lag vor uns.

Geschwisterliebe

„Ha–a–l–t! Halt! Dageblieben! Du willst abhauen? Das würde dir so passen!"

Die Klinke war heruntergedrückt. Ihr rechter Fuß stand im Türspalt.
„Halt! So nicht!"

Wütend kriegte ich sie gerade noch rechtzeitig am Rockzipfel zu fassen und zerrte sie in die Küche zurück. Meine clevere Schwester Linda wollte ausreißen.

„Du hast Küchendienst heute! Vergessen?"
„Denkste, hab ich nicht! Alte Aufpasserin. Immer wenn Mutter nicht da ist, willst du bestimmen! Mach du doch den Kram. Ich treff' mich jetzt gleich mit Karin auf der Königshöhe."

„Bist du taub? Du triffst jetzt niemanden auf der Königshöhe. Du hast Küchendienst! Verstanden? Grins nicht so dämlich, fang an damit!"

„Hab keinen Küchendienst. War erst gestern dran. Wohlgemerkt: Gestern!"

„Jetzt mach's aber halblang. Freilich. Du warst erst gestern dran. Ich glaub's gleich. Gestern war Conni dran. Es ist traurig, wenn du nicht mehr bis drei zählen kannst. Die Reihe geht jedenfalls mit dir weiter. Also, ausgeträumt. Los, fang an!"

„Hast du nicht begriffen? Karin wartet auf mich. Ich hab ihr versprochen, dass ich pünktlich da bin. Und Versprechen muss man halten, mein liebes Schwesterchen. Lass mich sofort los!"

Ich fasste sie noch ein wenig fester am Rockzipfel und war fest entschlossen, ihn solange nicht loszulassen, bis sie sich ernsthaft an die Arbeit machte. Luftlöcher starrend stand sie vor mir, verzog keine Miene. Mein Zorn wuchs.

„Schau nicht so dumm! Ich bin nicht schuld, wenn du dir nichts merken kannst. Also los! Dalli. Ran an die Pflicht."
„Ha, so doof müsst ich sein. Wenn eine sich nichts merken kann, dann wohl du!"

„Halt die Luft an. Du bist dran und niemand sonst. Und das weißt du ganz genau. Willst mich austricksen und dich drücken? Wär' ja nicht das erste Mal. Schau, wenn du mich gefragt hättest ob ich mit dir tausche, hätt' ich's vielleicht getan, oder dir geholfen, damit du früher fertig wirst. Aber so..."

„Ständig gibt's nichts wie Ärger mit dir, weil du rechthaberisch bist und alles besser wissen willst!"

„Was heißt da, willst'. Ich weiß es besser!"

Linda wurde klar, dass sie so nicht weiterkam, deshalb appellierte sie an meinen Anstand.

„Na ja, vielleicht hast du recht und ich hab's wirklich vergessen. Dann lauf ich jetzt schnell zur Karin und sag ihr Bescheid, damit sie nicht umsonst auf mich wartet und entschuldige mich. Bin gleich wieder da."

Dabei angelte sie nach der Türklinke, die sie nicht erreichen konnte, weil ich sie noch immer am Rockzipfel festhielt. Kein schlechter Einfall von ihr. Aber auch diese Masche war mir nicht fremd.

„Jawoll, damit du nicht wieder kommst. Nix da. Hör dich schon tappen. Kann's mir denken, was du vor hast!"

„Du denkst immer so schlecht. Wart's doch einfach ab."

„Wart's doch einfach ab. Dass ich nicht lache. Da müsst ich meine »Pappenheimer« nicht besser kennen. So gescheit wie du, bin ich schon lange. Linda hat Ausgang und Anni steht an der Spülschüssel und macht den Krempel. Auf den Kuhhandel lass ich mich nicht ein."

Linda stand ruhig da, war still und rührte sich nicht, glotzte mich an und grinste unverschämt. Das brachte mich noch mehr auf die Palme. Plötzlich drehte sie sich um. Ein kurzer, heftiger Ruck. Das Stückchen Stoff in meiner Hand gab nach. Geschickt nutzte sie die Gunst des Augenblicks und wischte durch die Tür. Auch wenn sie wesentlich gelenkiger war als ich, schnell laufen konnte ich auch. Also, im Affengalopp hinterher. In der Hetze schlug sie die falsche Richtung ein. Merkte es wahrscheinlich gar nicht. Lief nicht nach rechts auf die Haustüre zu, sondern geradewegs die breiten Stufen hinunter, die zu den Kellerabteilen des Mietshauses führten. Die Tür stand offen. Rasch verschwand sie im finstern Kellergang. Der kurze Vorsprung ließ mir gerade die Zeit, die ich brauchte, um den Riegel vorzuschieben. Blitzartig erschien ihr zorniges Gesicht hinter den rauen Holzlatten. Ihr Augen funkelten mich giftig an. Fuchsteufelswild brüllte sie:

„Lass mich sofort raus hier, du alte Hexe. Sofort! Sofort! Hörst du. Du Kratzbürste! Sonst plärr ich das ganze Haus zusammen!"

„Bittschön... als zu, tu was du nicht lassen kannst. Dich wird niemand hören. Es ist wohl kaum einer daheim. Um diese Zeit sind alle fort. Also schrei ruhig! Meinetwegen kannst du da unten bleiben, bis du schwarz wirst. Mindestens solange, bis Mutter wieder da ist. Viel Vergnügen!"

So, das war erledigt. Ohne darüber nachzudenken, dass die Gefangennahme nicht die allerbeste Lösung war, weil ich mich nun um ihre Aufgabe kümmern musste, obwohl ich längst bei Betty sein wollte, stieg ich zufrieden die Stufen zum Flur wieder hinauf. Noch war die letzte Stufe nicht erreicht, da stand meine Schwester, die ich eben eingesperrt hatte, auf einmal wieder quicklebendig neben mir. Wie hatte das kleine Biest es nur fertig gebracht, den Riegel aufzumachen? Kein Zweifel, er war fest zu. Zu überlegen, wie es ihr gelungen war, blieb keine Zeit, denn die Jagd begann augenblicklich aufs Neue. Um zur Haustüre zu gelangen, musste sie an mir vorbei. Ich stand ihr im Weg. Kopflos rannte sie nach links den Gang entlang, der zu den Toiletten führte, die im Winkel an das Haus angebaut waren. Ein kurzer Schubs von hinten, und drin war sie im stillen Örtchen. Jetzt fix den Schlüssel umgedreht, der zum Glück außen im Schloss steckte, und sie konnte die Tür von innen nicht mehr aufdrücken. Dieser Platz war auf alle Fälle bombensicher. Sie polterte derweil wie wahnsinnig, wild kreischend gegen die Tür.

„Mach auf, du Blödmann, und lass mich raus!"

„Nicht bevor Mutter da ist. Geschieht dir ganz recht. Sei froh, dass du sogar einen Sitzplatz hast. Viel Spaß und auf Wiedersehen!"

Außer mir war keiner im Haus. Deshalb musste ich nicht befürchten, dass die Tür zum Klo – aus unaufschiebbaren Gründen – vorzeitig geöffnet würde und sie dabei frei käme. Zurück in der Küche, war ich mächtig stolz, dass sie endlich sicher hinter Schloss und Riegel saß und stellte mit Genugtuung fest, dass ich ihr das Treffen mit Karin sauber vermiest hatte. Weniger froh machte es mich dagegen, dass der Küchendienst heute endgültig an mir hängen blieb. Aber das war mir das Ganze inzwischen wert. Bevor ich damit anfing, horchte ich noch kurz in den Hausgang hinaus. Ich wollte wissen, ob sie immer noch randalierte. Sonderbar, es war auffallend still da draußen. Erstaunlich, wie schnell sie sich beruhigt hatte. Sie hatte doch sonst eine bemerkenswerte Ausdauer. Als ich eilig das Geschirr zusammenstellen wollte, verdunkelte ein Schatten das geöffnete Fenster. Neugierig, was das bedeutete, drehte ich mich um und blieb vor Schreck wie angewurzelt stehen. Das Blut pochte mir in den Adern. Ich sah, wie Linda sich gerade durch das schmale Klofenster der Familie Günther zwängte und versuchte, übers Mauereck unser Küchenfenster zu erreichen. Um dieses Kunststück zu wagen, musste sie zuvor über die fast mannshohe Mauer geklettert sein, die beide Toiletten trennte. Denn das Fenster unserer Toilette befand sich auf der anderen Seite des Gebäudes. Bei ihrem Balanceakt vom Klo- zum Küchenfenster hatte sie etwa einen guten Meter im Freien zu überwinden. Vom Hochparterre nach unten, in Hausmeister Günthers Garten, waren es bestimmt beinahe eineinhalb Meter. Nicht auszudenken, wenn sie hinunter fallen würde. Mir wurde speiübel. Meine Beine zitterten. Bis ich wieder einigermaßen vernünftig denken konnte und ihr helfen wollte, stand sie schon unverschämt lachend neben mir auf dem Küchenboden. Bevor ich auch nur einen Laut von mir geben konnte, rauschte sie siegesbewusst mit einem *„gell, da schaust!"* an mir vorbei, zur Tür hinaus und war unterwegs zu Karin. Dankbar, dass ihr nichts passiert war, machte ich mich nachdenklich, aber ohne Groll endgültig an die Arbeit.

Winterfreuden

In der Abenddämmerung hat es angefangen zu schneien. Wenn das so weitergeht, werde ich morgen früh Schnee räumen müssen. Eine Stunde, wahrscheinlich länger, werde ich damit beschäftigt sein, den Gehsteig um das Eckhaus herum und die lange Strecke am Grundstück entlang der Straße vom Schnee zu säubern. Jetzt, im Alter, ist das Schneeräumen eine anstrengende Arbeit. Der Gedanke, in aller Herrgottsfrühe aus dem warmen Bett hinaus in die schneidende Kälte zu müssen, verdirbt mir die Stimmung. Ein kurzer Blick aus dem Fenster, vor dem Schlafengehen, bestätigt meine Befürchtung. Noch immer schneit es dicke Flocken. Vergeblich versucht sich das trübe Licht der Straßenlaterne im milchigen Dunst des Schneegestöbers durchzusetzen.

Noch vor Sonnenaufgang empfängt mich ein unberührtes, zauberhaftes Weiß vor der Haustür. Raureif glitzert an den Bäumen, Sträuchern und den Latten der Gartenzäune, deren Pfosten weiße Mützen haben. Der Anblick versöhnt mich ein wenig mit meiner bevorstehenden Knochenarbeit. Doch die Begeisterung weicht schnell der Ernüchterung, als ich den Besen und die Schaufel an der Hausmauer lehnen sehe. Nicht gerade missmutig, aber auch nicht gut gelaunt, fange ich an, den pappigen Schnee an den Straßenrand zu schieben und über den Gartenzaun zu kippen. Nur die Motorengeräusche der wenigen Autos, die um diese Zeit vorbeifahren, und das Scheppern der Schneeschaufeln in der Nachbarschaft unterbrechen die morgendliche Stille. Noch ist kaum jemand unterwegs, kaum ein Fußstapfen im Schnee zu sehen. Das erleichtert die Arbeit.

Ein glockenhelles Kinderstimmchen lässt mich aufhorchen. Es gehört einem kleinen Mädchen, das, warm eingepackt, auf einem Schlitten von ihrem Vater an mir vorbei gezogen wird. Das Jauchzen und Jubeln der Kleinen, die sich so ausgelassen über den ersten Schnee freut, erheitert mich. Plötzlich sehe ich mich selbst wieder als kleines Mädchen im Schnee. Während ich mit dem Schippen zügig vorankomme, verlieren sich die Gedanken in der Erinnerung.

War es damals nicht auch ein Spaß, wenn oft, schon an grauen Novembertagen, über Nacht Schnee gefallen war, und uns morgens der Ruf weckte: *„Es hat geschneit!"*. Meist war es Mutter, die den Schnee entdeckte, wenn sie die Vorhänge aufzog. Ihre Stimme lockte uns blitzschnell aus den Betten. Wir freuten uns über die Eisblumen an den Fensterscheiben, versuchten, sie ein wenig wegzuhauchen, um besser nach draußen sehen zu können. Der erste Schnee! Ob es wohl genug Schnee gab, um Schlitten zu fahren? Im Wettlauf rannten wir wenig später aus dem Haus, jagten einander hinterher, um die Spuren unserer Stiefelsohlen als Erste in den frischgefallenen Schnee zu drücken. Auf dem Schulweg flogen Schneebälle hin und her, und schon vor der ersten Schulstunde sehnten wir das Ende des Unterrichts herbei. In der großen Pause bildeten sich Gruppen auf dem Schulhof und wir überlegten, auf welchen Schlittenbahnen wir uns treffen wollten. Es gab mehrere Abfahrten in Feuchtwangen. Alle hatten Flurnamen. Die »Schmidt's Peint«, den »Galgen- und den Lindenberg«, das »Krappennest«, den »Hummelbuck« beim Schindfeld und ein paar kleinere Hubbel. Die »Schmidt's Peint« – mit der längsten und steilsten Abfahrt – war die beliebteste. Wohl deshalb, weil die Buben dort kleine Schneehügel zu Schanzen aufwarfen, über die sie ihre Schlitten katapultierten. Fast alle größeren Buben und die couragierten Mädchen, zu denen auch meine Schwester Linda zählte, zog es dorthin. Unermüdlich zogen wir unsere Schlitten die Anhöhen hinauf und fuhren mit Gejohle und Geschrei die Hügel wieder hinunter. Wir merkten es nicht, wenn der Hauch unseres Atems in der frostigen Luft in kleinen Kristallen an unseren Jacken- und Mantelkrägen festfror. Erst wenn es anfing dunkel zu werden, hatten wir uns ausgetobt und kehrten mit roten Nasen und Wangen, eiskalten Händen und Füßen, fröhlich und müde, heimwärts in die warme Stube.

Weihnachtsferien. Heiliger Abend! Der sonnige Wintertag lockte uns Geschwister und unsere Spielgefährten am Nachmittag hinaus aus der Stadt auf die verschneiten Felder. Dort konnten wir herumtollen und uns die Langeweile bis zum Abend vertreiben. Denn heute hatte keiner der Erwachsenen Zeit für uns. Nicht einmal Großmutter und Großvater.

Auf den zugefrorenen Fischweihern, die es in der Gegend reichlich gibt und auf der tragfähigen Eisdecke der »Sulzach«, die den Ort durchfließt, tummelten sich die Schlittschuhläufer. Wir Geschwister hatten ein einziges Paar gebrauchte Schlittschuhe geschenkt bekommen, die meine Schwester Linda sofort in Beschlag nahm. Zugegeben, ihr passten sie auch am besten. Mit bewundernswerter Ausdauer zog sie, graziös und geschickt, ihre Runden auf der Eisfläche. So wie sie, feenhaft übers Eis schweben, das wollte ich auch können! Ich musste die Schlittschuhe unbedingt ausprobieren. Linda händigte sie mir nur widerwillig aus. Stolz auf mich, dass es sich gelohnt hatte, dass ich hartnäckig geblieben war und nicht nachgab, schraubte ich sie mir an den Schuhsohlen fest. Stand auf aus der Hocke, und landete nach zwei, drei, wackligen, ungeschickten Schritten, das Gleichgewicht verlierend, unsanft auf dem Hosenboden. Das reichte! Ich hatte genug! Genug vom Traum einer Primadonna auf dem Eis.

„Schnell Linda, gib mir den Schlüssel, ich will die Dinger wieder los werden!" bat ich meine Schwester.
„Den Schlüssel? Welchen Schlüssel?"
„Frag nicht so dumm. Den Schlüssel für die Schlittschuhe! Was sonst?"

Linda verbarg ihre Schadenfreude nicht. So, als ginge sie das alle gar nichts an, antwortete sie schnippisch, in den Manteltaschen wühlend:
„Tut mir leid, er ist nicht mehr da. Er muss mir aus der Tasche gerutscht und in den Schnee gefallen sein."

Auch das noch! Ich glaubte ihr kein Wort. Außerdem wurde es allmählich empfindlich kalt unter meinem Po. Der Schnee schmolz. Wütend schrie ich sie an:
„Soll ich mir die Schuhe ausziehen und im Schnee in Strümpfen heimlaufen?"

Linda zuckte wortlos, unbeeindruckt und gelangweilt die Schultern. So ein Biest!
„Wenn du den Schlüssel schon verloren hast, dann such ihn gefälligst!"
„Glaubst du wirklich, dass man ihn im Schnee noch finden kann? Er ist längst irgendwo festgetreten. Selber schuld. Du wolltest doch unbedingt Schlittschuh fahren. Steh auf und lauf heim damit, oder sonst wo hin, wenn dir nichts Besseres einfällt!"

Es half nichts, dass ich vor Wut schäumte. Sie ließ mich zappeln. Längst hab ich vergessen, was ich ihr damals, immer noch mit meinem inzwischen ziemlich feuchten Hosenboden im Schnee hockend, versprach, bis sie den Schlüssel endlich zögerlich herausrückte. Wenigstens gab sie alles zu, als Mutter meine nasse, baumwollene Trainingshose entdeckte und Linda ins Gebet nahm.

Unbehaglich lange, empfand ich, verging die Zeit zwischen Kirchgang, Abendessen und dem Besuch des Christkinds. Soweit es vermeidbar war, ging ich Linda aus dem Weg, gönnte ihr kein Wort, kein böses und kein gutes. Mich wurmte es immer noch, dass sie mich einfach so im Schnee hat sitzen lassen. Daran änderte auch Mutters Strafpredigt nichts. Später, als wir unsere Sonntagskleider angezogen hatten und die ganze Familie um den bunt geschmückten Christbaum versammelt war, hätte ich sie – meinem Seelenfrieden zuliebe – gerne einmal kräftig in die Rippen geboxt. Was in Gegenwart der Eltern – versteht sich – leider nicht ging und auch nicht so recht zum Weihnachtsfest passte. Nein, mir musste etwas Besseres einfallen. Verbissen begann ich darüber nachzudenken. Linda strahlte indessen wie der blank geputzte Stern von Bethlehem. Ließ ihre glockenhelle Stimme – und das ärgerte mich noch mehr – heute extra laut erklingen, als wir gemeinsam die traditionellen Weihnachtslieder sangen, die Vater auf der Zither begleitete. Während sich unsere Blicke kurz trafen, glaubte ich ein freches Grinsen um ihre Mundwinkel zu sehen. Ich platzte fast vor Wut. Vergaß einen Augenblick sogar das Mitsingen. Wart's ab, du blöde Gans, dich krieg ich schon, dachte ich. Und überhaupt – wer hatte denn den Schaden? Hielt ich es sonst vor Neugierde kaum aus, die Weihnachtsgeschenke auszupacken, dieses Mal konnte ich mich nicht darauf konzentrieren. Rache ist süß, dachte ich unentwegt, und merkte bald, dass es mir nicht gut dabei ging. Die Weihnachtsstimmung fehlte mir sehr. Traurig setzte ich mich auf den Fußboden. Von diesem Platz aus beobachtete ich Linda aus den Augenwinkeln. Deshalb entging es mir auch nicht, dass sie sich leise anschlich. Was wollte die Ziege? Als sie gleich darauf ihre Wange an meine schmiegte– und für die anderen kaum hörbar – *„Komm, sei mir bitte nicht mehr böse! Gell, jetzt sind wir wieder gut?!"* flüsterte, konnte ich da anders, als sie lieb haben? Ich atmete auf und fühlte dankbar, dass nun endlich Weihnachten war.

Schneeballschlachten, Schneemann bauen, Wild- und Vogel-
spuren suchen, sich in den frischen Schnee legen und mit den
Armen rudernd »Engel« auf den Boden zeichnen, »Hät-
scheln« auf den spiegelglatten Rinnsteinen der Gassen, den
Pferdeschlitten mit den stämmigen Haflingern zugucken, die
mit Schellengebimmel, Transportgut beladen, in der Stadt
unterwegs waren und die Vorfreude auf Weihnachten. Das
alles gehört zu den unvergesslichen Erinnerungen, die eine
quirlige Kinderstimme in den frostigen Wintermorgen geholt
hat.

Meine Konfirmation

Das erste fahle Licht drang zaghaft ins Dunkel. Verschwommen wurden die Möbel im Raum sichtbar. Nur undeutlich sah ich das Kleid auf dem Bügel am Schrank hängen. Eine ganze Weile lag ich nun schon wach. Nichts rührte sich. Es war ruhig im Haus, zu früh, um aufzustehen. Leise, um meine Schwestern, die noch fest schliefen, nicht aufzuwecken, tappte ich barfuß auf Zehenspitzen zum Fenster, schob den Vorhang ein wenig zur Seite und schaute hinaus in den beginnenden Tag. Tonnenschwere Wolken hingen am Himmel. Es wird kein schöner Frühlingstag werden. Ein bisschen enttäuscht war ich schon, doch heute verdarb mir selbst der grauverhangene Himmel die Freude nicht. Geschwind kroch ich noch einmal unter die warme Bettdecke, lauschte in die Stille und wartete ungeduldig darauf, dass die Uhr am kleinen Türmchen auf dem Dach des »Alten Spitals« siebenmal schlug. Seit Kriegsende wohnten wir in diesem großen, im ersten Viertel des 19. Jahrhunderts erbauten Haus in der Spitalstraße 16 (heute Sandgasse 1) in Feuchtwangen. Mit drei weiteren Mietparteien und einer ausgelagerten Klasse der hiesigen Berufsschule teilten wir uns den knappen Wohnraum. Es dauerte, bis ich endlich Mutters Schritte hörte und ihr Ruf:

„Aufsteh'n Kinder! Es ist Zeit. Raus aus den Federn!", uns weckte.

Jetzt aber ruckzuck aus dem Bett. Heute stand ich als Erste an der großen, blauen, innen weiß emaillierten Waschschüssel in der Küche. Das stand mir auch zu. Denn das Blatt auf

dem Abreißkalender am Türstock zeigte in roten Ziffern und Buchstaben den 29. März 1953, den Palmsonntag, den Tag meiner Konfirmation.

Zwei Jahre lang hatte ich gebüffelt. Zig Kirchenlieder und den kleinen Katechismus seitenweise auswendig gelernt. Ein Jahr lang besuchte ich den Präparandenunterricht, einmal wöchentlich im Gemeindehaus, bei Pfarrer Konrad Löhr, der so manches Mal mit seinem Gehstock auf das Pult schlug, um seinem Ärger Luft zu machen, wenn der Lerneifer, besonders bei den Buben, zu wünschen übrig ließ. Dann ein Jahr Konfirmandenunterricht bei Dekan Dr. Adam Hohenberger. Vor ihm hatten wir mehr Respekt. Nun endlich war es soweit. Auch die Eltern hatten die Vorbereitungen, nachdem sie mich festlich ausstaffiert hatten, abgeschlossen. Keine leichte Aufgabe für sie, die jeden Pfennig zweimal umdrehen mussten, bevor sie ihn ausgaben.

Zwei von insgesamt drei ereignisreichen Tagen waren bereits vergangen. Vorgestern, am 27. März, am späten Freitagnachmittag, galt es, die gefürchtete Konfirmanden-Prüfung zu bestehen. Im schicken Prüfungskleid, das Tante Frieda – die Schwester meines Vaters – die Schneiderin war, aus rosenholzfarbigem Wollstoff, mit einer Blüte aus dem selben Stoff am kleinen, spitzen Ausschnitt, für mich genäht hatte, war ich mit den anderen – auch alle neu eingekleidete Prüflinge – pünktlich um 17 Uhr am Sammelplatz zwischen der Johannis- und Stiftskirche. Lebhaft, wie aufgescheuchte Hühner, redeten wir wild durcheinander und spekulierten über den Verlauf der Prüfung. Alles halb so schlimm, wäre sie nicht öffentlich gewesen. Wenig später rutschten wir unruhig und ängstlich auf den harten Kirchenbänken umher und hofften, alles würde gut ausgehen und die anwesende Kirchengemeinde mit unseren Kenntnissen zufrieden sein. Und wenn nicht? Wenn wir die Prüfung nicht bestanden? Unvorstellbar.

„Dann gab es keine Konfirmation." Diese beschämende Aussicht wurde uns wochenlang zuvor, nicht nur im Unterricht, sondern auch zu Hause, angedroht. Schande. Blamage. Und kein Fest! Wen wundert's, dass wir uns sorgten. Gleich ging das »Verhör« los. Jeder Pfarrer – es gab drei in unserer Stadt – nahm sich die Konfirmanden seines Sprengels vor und prüfte sie »auf Herz und Nieren«, kreuz und quer durch Liederverse, Glaubensbekenntnis, Psalmen, Gebote und Katechismus. Nach gut eineinhalb Stunden war es ausgestanden, wir alle einmal drangekommen. Wirklich alle? Egal. Am Ende hieß es: »Bestanden«. Die letzte und wichtigste Hürde war genommen. Jetzt erst konnten wir uns auf unsere Konfirmation freuen.

Am nächsten Tag, am Samstag, 28. März, um 14 Uhr, kamen wir Jugendliche zum Beichtgottesdienst zusammen. Dazu streifte ich das schwarze, schmucklose Samtkleid, die Leihgabe einer entfernten Verwandten, das erste Mal über. Im Gottesdienst, der in einer knappen Stunde vorüber war, bereuten wir, zunächst jeder für sich im Stillen, dann gemeinsam mit dem vorgegeben Beichttext, unsere Sünden und baten Gott um Vergebung. Danach trugen die Konfirmandinnen und Konfirmanden Kuchen aus, zu den Leuten, von denen sie Geschenke erhalten hatten.

Heute ist meine Konfirmation!

Inzwischen war ich fertig mit der Morgenwäsche und schlüpfte ins Konfirmationskleid. Mit dem Anstecker, einer weißen Nelke auf der rechten Seite, sah es jetzt ein wenig hübscher aus. Die ersten dünnen, schwarzen, sündhaft teuren Nylonstrümpfe streifte ich mir behutsam über die Beine. Passte man nicht auf, lief ganz schnell eine Masche. Mein Haar wollte sich heute Morgen nicht kämmen lassen. Es war widerspenstig und zottelig. Verzweifelt versuchten Mutter und ich abwechselnd, es zu einer ordentlichen Frisur zu bändigen. Wir waren beide nervös. Die Zeit drängte.

„Es geht ganz einfach, ihr müsst die Haarspitzen nur mit etwas Bier anfeuchten. Glaubt mir, es hilft bestimmt" mischte sich meine etwas ältere Cousine Erika ein und übernahm das Frisieren. Und wirklich, es klappte. Bald kringelten sich die Locken wie festgeklebt auf meinem Kopf, der jetzt ein wenig hopfig roch. Erleichtert setzte Mutter mir den künstlichen Myrtenkranz mit den weißen Blüten ins Haar.

„Schau Anni", sagte sie und hielt mir den Spiegel hin, *„gut siehst du aus!"*

Ja, sie hatte recht, ich gefiel mir.

Auf dem Tisch lag das nagelneue Gesangbuch. »Ein feste Burg« war in Goldbuchstaben auf den schwarzen Einband geprägt. Auf seiner Rückseite standen A + H, die Anfangsbuchstaben meines Namens und die Jahreszahl 1953. Mutter legte das weiße, gehäkelte Spitzendeckchen und eine weiße, mit grünem Asparagus gebundene Nelke darauf. Dann nahm sie das dünne, silberne Kettchen, das Großmutter mir geschenkt hatte, aus der Schatulle. Dazu das kleine silberne Kreuzchen, das am Rand fein ziseliert war. Mutter hatte es viele Jahre für meine Konfirmation aufbewahrt. Während sie mir die Kette mit dem Kreuzchen um den Hals legte, erinnerte sie mich an das Ereignis, das damit verbunden war und schon lange zurück lag und sagte leise zu mir:

„Denk heute besonders lieb an deinen Paten und vergiss nicht, für ihn zu beten."

Ich nickte ihr still zu. Das wollte ich gerne tun.

Mein Pate, Karl Christian Kern, war ein Bruder meiner Mutter, an den ich mich kaum erinnern konnte. Es geschah im Zweiten Weltkrieg – im Mai 1941 – als das Kampfflugzeug, in dem mein Patenonkel saß, nachts von feindlichen Jagdbombern über dem Mittelmeer, nahe der Insel Kreta, abgeschossen wurde. Die Besatzung hatte unbeschreibliches Glück und wurde völlig entkräftet und erschöpft auf ein Schiff gerettet. Mein Kreuzchen war damals dabei. Mein Patenonkel Karl trug es bei sich. Bei seinem nächsten Heimaturlaub, als er Eltern und Geschwister besuchte, gab er es meiner Mutter und bat sie, es bis zu meiner Konfirmation für mich aufzuheben. Ich habe meinen Patenonkel danach nicht wieder gesehen. Er kam zwar heil aus dem Krieg zurück, nahm danach seinen Dienst – als Sicherheitswachtmeister bei der Polizei in München wieder auf – wurde aber wenige Monate später, bei einem Einsatz in einer Molkerei – am 15. März 1946 – von flüchtenden Einbrechern erschossen. Er wurde nur 38 Jahre alt. Im Oktober 2012 wurde auf dem Münchener Westfriedhof ein Ehrenmal für im Dienst getötete Polizisten geweiht, auf dem auch sein Name zu finden ist.

Zurück zum Fest.

Ein alter Brauch, den man hier in der Gegend seit jeher pflegte, verlangte von den Konfirmanden, dass sie am Tag ihrer Konfirmation, vor dem Kirchgang Abbitte tun, bei Eltern, Großeltern und Paten. Das heißt: Sie mussten um Verzeihung bitten für allen Ungehorsam und Ärger, den sie bereitet hatten. Kurzum, für all das, was sie in ihren Kindertagen ausgefressen, womit sie den Erwachsenen Kummer gemacht hatten. Diese Sitte, die mir peinlich und zuwider war, trieb mich tagelang zuvor schon um. Es fiel mir schwer, das zu tun. Nicht, weil ich so allerhand auf dem Kerbholz hatte. Nein. Aber so lange ich denken konnte, hatte ich mich – so wie es mir beigebracht wurde – stets sofort brav entschuldigt, wenn etwas

daneben ging. Was konnte mir also nicht vergeben sein? Kaum hörbar, bestrebt die unangenehme Aufgabe so rasch wie möglich hinter mich zu bringen, quetschte ich *„entschuldigt bitte"*, durch die zusammengepressten Zähne, als ich den Eltern die Hand reichte. Vater und Mutter spürten, wie mir's ums Herz war. Verständnisvoll nahmen sie ihre Tochter in die Arme und meinten beide:
„Es ist ja gut, Anni. Wir haben viel Freude mit dir!"

Oma strich mir liebevoll übers Haar und wünschte mir Gottes Segen. Opa war leider schon seit fünf Jahren tot.

Neugierig und sehr genau beobachteten meine Schwestern Sieglinde, Cornelia und Elfriede das Geschehen. Schließlich war meine Konfirmation so etwas wie eine Erstaufführung. Denn Linda wurde in zwei, Conni in drei Jahren konfirmiert. Nur Elfi hatte noch Zeit, für sie begann im letzten Jahr erst die Schulzeit.

Bevor wir aus dem Haus gingen, bekam ich noch ein besonderes Geschenk von meinen Eltern. Meine erste Armbanduhr.

Alle Konfirmanden, es waren nicht wenige, 131 Mädchen und Buben, trafen sich um halb neun Uhr im Dekanats-Garten an der Hindenburgstraße, unweit der beiden Kirchen. Die Luft war kühl. Schneeflocken wirbelten im letzten Märzwind und blieben auf dem Pflaster liegen. So ohne Jacken und Mäntel – die Knaben hatten es ein wenig besser in ihren Anzügen – froren wir Mädchen erbärmlich in unseren schwarzen Kleidern und den leichten Schuhen. Vor Kälte bibbernd stellten wir uns geordnet in Viererreihen auf. An der Spitze gingen die Geistlichen: Pfarrer Konrad Löhr und Pfarrer Werner Frommberger, in ihrer Mitte Dekan Dr. Adam Hohenberger, mit Spitznamen »Dechet«. Unter Glockengeläut bewegte sich der lange Zug zur Kirche. Am Straßenrand standen ein paar Leute.

Die Gottesdienstbesucher erhoben sich von ihren Sitzplätzen, als wir durch das Hauptportal der Feuchtwangener Stiftskirche in das mit Blumen geschmückte Gotteshaus einzogen. Sie blieben so lange stehen, bis wir unsere Plätze in den vorderen Reihen erreicht hatten.

Der Festgottesdienst begann. Der Predigttext lautete: *„Lasset uns durch Geduld laufen in dem Kampf, der uns verordnet ist, und aufsehen auf Jesum, den Anfänger und Vollender des Glaubens"* * Danach wurden unsere Namen, alphabetisch von unseren Sprengel-Pfarrern aufgerufen:

„Anni Hager – Betty Hartnagel".

Wir gehörten zum dritten Sprengel der Stadt. Noch zwei weitere Mädchen aus den auswärtigen Dörfern gingen mit uns gemeinsam vor in den Altarraum. Ich freute mich, dass ich zusammen mit meiner Freundin Betty vor dem Altar knien durfte. Das erste Abendmahl. Brot und Wein. Die Einsegnung mit dem Konfirmationsspruch:

> *„Denn es sollen wohl Berge weichen und*
> *Hügel hinfallen; aber meine Gnade soll*
> *nicht von dir weichen, und der Bund meines*
> *Friedens soll nicht hinfallen, spricht der Herr,*
> *dein Erbarmer"***

*(Hebräer 12, 1b und 2a)   **(Jesaja 54,10)

Von Pfarrer Werner Frommberger bekamen wir vier Mädchen denselben Text zugesprochen, den wir uns nicht selbst aussuchen durften, wie es später vielerorts üblich wurde.

Drei lange Stunden dauerte der feierliche Gottesdienst. Die Mittagsglocke läutete schon, als er zu Ende war. Schnell, weil der kalte Wind noch immer kräftig wehte, und hungrig geworden, liefen wir über den Marktplatz heim und freuten uns aufs Festessen in der warmen Stube. Noch war es nicht üblich und für die meisten Leute unerschwinglich, die Konfirmation in einem Gasthaus zu feiern.

Das Wirtschaftswunder begann erst in den 60er Jahren. Der »Kalte Krieg« schürte Ängste. Am 20. Juli 1948, fünf Jahre zuvor, hatte die Währungsreform die Reichsmark abgelöst und den Bürgern im Westen die Deutsche Mark beschert. In den Westzonen trat am 23. Mai 1949 das Grundgesetz in Kraft. Deutschland war geteilt. Es gab zwei Deutsche Staaten. Die Bundesrepublik Deutschland (BRD) im Westen und die Deutsche Demokratische Republik (DDR) im Osten des Landes. Die USA zündeten am 01.November 1952 die erste Wasserstoffbombe im Pazifik. Alle diese Ereignisse lagen erst wenige Jahre zurück, und viele Ausgebombte und Flüchtlinge aus den deutschen Ostgebieten, die alles verloren hatten, waren noch immer dabei, sich wieder ein Heim zu schaffen. Die Menschen sahen einer unsicheren Zukunft entgegen.

Während wir in der Kirche waren, hatte Tante Marie für uns das Festmahl bereitet. Zehn Personen saßen heute um den großen, ausgezogenen Esstisch im kleinen Wohnzimmer. Die Eltern, meine drei Schwestern, Großmutter, Tante Marie, Tante Frieda und Onkel Hans, die extra aus Nürnberg angereist waren, und natürlich ich, die Hauptperson an diesem Tag. Wir mussten ordentlich zusammenrücken und uns Stühle von den Nachbarn ausleihen. Knuspriger Schweinebraten und rohe

Klöße, selbst gemacht, standen dampfend vor uns auf dem Tisch. Dazu gab es Kopfsalat aus unserem Schrebergarten und zum Nachtisch Vanillepudding mit Himbeersoße.

Dabei kam mir urplötzlich ein »Ausflug ins Schlaraffenland« in den Sinn. Ich war ein kleines Mädchen und zusammen mit Mutter in einem Dorf in unserer Gegend, Dentlein am Forst. Mutter war auf einem Bauernhof zur Konfirmation ihres Patenkinds eingeladen. Dort wurde auch daheim gefeiert. Aber ganz anders. In einer riesengroßen Stube, an einem langen, reich gedeckten Tisch, saßen eine Menge Gäste die, mitsamt dem Ortspfarrer, fröhlich tafelten. Den lieben langen Tag gab es köstliche Speisen und traumhaftes Backwerk. Und obendrein bekamen wir noch ein Bündel guter Sachen mit auf den Heimweg. Auch wenn mein Festschmaus heute sehr viel bescheidener und nur ein schwacher Abglanz jener Fülle von damals war, er schmeckte mir, und ich war zufrieden.

Nach dem Mittagessen blieb nur wenig Zeit für das Erinnerungsfoto beim Fotografen. Um 14 Uhr mussten wir noch einmal zum Abschlussgottesdienst in die Kirche kommen. Die Teilnahme war Pflicht. Und Gnade dem, der fehlte. Auch nach der Konfirmation ging der Unterricht, der sich nun Christenlehre nannte, weiter. Sie fand jeden Sonntag vor dem Gottesdienst, von 7.45 bis 8.30 Uhr, im Gemeindehaus statt. Nur die Gymnasiasten und wir Realschüler waren davon befreit, weil wir in der Schule Religionsunterricht hatten. Am Sonntagsgottesdienst mussten wir aber alle ausnahmslos teilnehmen.

Zum Kaffeetrinken waren die Tanten und Onkel, die allesamt am Ort wohnten, eingeladen.

Mutter hatte einen dicken Hefezopf mit Rosinen und Mandelblättchen obenauf und einen Schatt (Gugelhupf) gebacken.

Und dann: Ich glaubte es nicht! Sah' ich recht? Meine Augen wurden immer größer. Ja, so eine Überraschung! Auch eine wundervolle Torte stand auf dem Kaffeetisch. Kein Zweifel, sie war echt.

„Wo kommt die denn her?", rief ich freudig erstaunt.

„Tante Frieda und Onkel Hans", sagte Mutter,

„haben sie aus Nürnberg mitgebracht. Ein guter Freund deines Vaters, der Konditor ist, hat sie dir geschenkt".

Die rechteckige Torte war ganz mit Marzipan überzogen und reich verziert mit rosa Marzipan-Rosen. »Telegramm« war mit Zuckerschrift auf die Torte gemalt und »Zur Konfirmation« mit Schokolade darauf geschrieben. Mit der Kaffeerunde ging mein lang herbeigesehntes Fest zu Ende.

Auf dem Gabentisch lagen die Geschenke von Verwandten, Nachbarn und wenigen Geschäftsleuten, bei denen wir einkauften. Neben einigen Sammeltassen, die unterschiedliche Formen hatten und mit hübschen Blumenmustern bemalt waren, lagen eine Garnitur Unterwäsche, ein paar warme Strümpfe, ein kleiner Geldbeutel, weiß und farbig umhäkelte Stofftaschentücher und etliche Handtücher und Waschlappen. Nicht üppig, aber eine Menge für die damalige Zeit.

Konfirmationspredigt 1953 – Dekan Dr. Hohenberger
in der Stiftskirche in Feuchtwangen

*„Lasset uns durch Geduld laufen in dem Kampf, der uns verordnet ist, und aufsehen auf Jesum, den Anfänger und Vollender des Glaubens."** *

Seit einiger Zeit ist in der Schule zu den alten Lehr- und Lernfächern ein neues hinzugetreten: Die Verkehrserziehung. Auch ihr habt darin Unterricht erhalten. Das wichtigste Gebot, das Euch vermittelt wurde und das es im Kampf gegen den Tod auf der Straße zu beachten gilt, heißt: Achtung, Augen auf.

Achtung, Augen auf! Diese ernste und eindringliche Mahnung gilt auch im erweiterten Sinn für das ganze Leben und für den ganzen Menschen, für den äußeren wie für den inneren Menschen, für die Erwachsenen, wie für die Konfirmanden. Für die Erwachsenen! Für Euch, meine lieben Miteltern, für die Paten, und für alle, die sich mit unseren Konfirmanden in diesen zurückliegenden Jahren besonders verbunden wussten. Gerade an diesem Tage wird uns ins Bewusstsein gerückt, was wir nicht immer genügend beachtet haben: Dass nämlich, dass unsere Konfirmanden weder fertige Menschen noch fertige Christen sind. Wir dürfen sie daher auch nicht mit unseren Maßstäben messen, sondern sie in ihrer Jugend ernst nehmen, in ihrem freudigen Bekennen und in ihrem aufrichtigen Geloben, auch wenn wir damit rechnen müssen, dass ihrem Wollen nicht immer das Vollbringen folgen wird, auch wenn wir unsere Zweifel anmelden im Blick auf die Wunden und Niederlagen, die wir in dem uns verordnetem Kampf erlitten haben. Und doch gilt diese Mahnung: Achtung! Augen auf!, heute in besonderer Weise Euch, für die ja der Kampf des Lebens erst anhebt. Gerade darum möchte ich Euch von unserem Schriftwort her zurufen: Schaut um Euch! Schaut in Euch! Schaut über Euch!

*Hebräer 12, 1b und 2a

Schaut um Euch! Da seht ihr zuerst einmal die Eltern und die Paten, aber auch all die anderen Menschen, die Euch ein mehr oder minder langes Stücklein Weg begleitet haben. Sie haben Euch in Liebe getragen, für Euch gesorgt, an Euch gearbeitet. Es war wohl ein wechselweises Geben und Nehmen. Ihr habt unser Leben durch Euer Dasein, durch Eure Liebe, durch Eure strahlenden Augen, durch Euer frohes Lachen reich gemacht. Und doch wart ihr die eigentlich Empfangenden.

Oder hast Du schon vergessen, wie Deine Mutter wachend und betend an Deinem Krankenlager saß? Weißt Du nicht mehr, wie Dein Vater es unter vielen Opfern ermöglichte, Dir deinen Herzenswunsch zu erfüllen? Bedeutet es Dir nichts, dass Deine Lehrer und Pfarrer ihr Bestes gaben, um Dich zu fördern und zu formen?! Wenn Du das siehst, dann kannst Du diesen Tag nicht vorüber gehen lassen ohne ihnen allen mit Herzen, Mund und Händen zu danken.

Schaut um Euch! Und vor dein Auge mögen die vielen Menschen treten, deren Namen Du heute noch nicht einmal weißt, die Dir aber in mancherlei Gestalt auf deinem Lebensweg begegnen werden.

Man sagt, dass die heutige Jugend kritischer als früher sei. Vielleicht äußert sie nur freier und ungezwungener ihre Kritik. Ich sehe jedenfalls darin noch keine Fehlentwicklung. Ja, ich möchte Euch von dieser Stelle aus zurufen:

Noch mehr Kritik im Blick auf diese Menschen! Schaut sie Euch an! Lernt Sein und Schein unterscheiden und hinter der Maske das wahre Gesicht erkennen. Seid doppelt kritisch gegen alle, die an allem etwas auszusetzen haben und immer den anderen die Schuld geben, die immer klagen und Gott selbst für das verantwortlich zu machen versuchen, was ihre eigene Schuld ist. Und seid dreifach kritisch gegen die verlockenden

Stimmen, die in zweifelhaften Filmen laut werden und aus jenen Büchern zu Euch sprechen, die ihr nur hinter dem Rücken eurer Eltern lesen könnt! Sucht echte Ideale! Aber vergesst nicht: vollkommene Menschen gibt es nicht, wie es auch keine vollkommenen Christen gibt.

Wo ihr aber Menschen trefft, die um Vollkommenheit ringen, denen schließt Euch an. Und lasst Euch von den Christen den Weg weisen, die durch Geduld laufen in dem Kampf, der ihnen verordnet ist!

Schaut um Euch! Und ihr werdet erkennen, dass ihr Euch als Glieder Eures Volkes und als Glieder Eurer Kirche vorfindet. Im zweiten Weltkrieg geboren, fiel Eure frühe Jugend in die schwerste Notzeit unseres Volkes. Die Not ist inzwischen gebannt, aber unter einer glänzenden Oberfläche sind weiter Kräfte am Werk, um das Äußere innerlich zu unterhöhlen. Materialistisches Denken bestimmt das Handeln. Für Gott aber und sein Wort bleibt immer weniger Zeit, je mehr der Mensch den Sinn des Lebens im Verdienen und Genießen sieht. Manchmal meine ich, dass wir alle in einem Hause sitzen, das unterminiert wird und jeden Tag in die Luft gesprengt werden oder einstürzen kann. Wir wissen um die tödliche Gefahr, aber begnügen uns, „wenn es nur heute noch hält." Ihr sollt aber nicht Totengräber unseres Volkes werden, sondern helfen, dass es einer besseren Zukunft entgegengeführt wird. Gerade darum: Achtung, Augen auf!

Die andere Gemeinschaft ist die Kirche, die „erbaut ist auf dem Grund der Apostel und Propheten, da Christus der Eckstein ist.". Sie kann man bekämpfen, aber nie besiegen, denn sie ist Gottes Werk. Zu ihr gehört auch Ihr. Dass auch Deine Kirche Runzeln und Flecken hat, wird Deinem Auge nicht entgehen. „Das Antlitz der Kirche ist das Antlitz einer Sünderin" , hat Luther einmal gesagt. Aber sie ist dennoch die

„Gemeinde der Heiligen", die Gemeinschaft derer, die zu Gott auf dem gleichen Wege sind. Da nimmt einer den anderen mit. Daraus erwachsen auch Euch Aufgaben und Pflichten. Sie sollt ihr sehen, um auch zuzupacken und am Bau des Reiches Gottes auf Erden mitzuarbeiten, wie es Zinzendorf verstanden hat:

> *„Hier hast du uns allen zu Dienen befohlen!"*
> *„Je mehr du befiehlst, je mehr Siege wir zählen;*
> *Denn deine Befehle sind so viel Versprechen,*
> *durch alle verhauenen Bahnen zu brechen."*

Um Euch sollt ihr schauen, und in Euch! Das ist die andere Mahnung, die ich Euch zurufen möchte. Sich selbst kritisch sehen ist ungleich schwerer und erfordert eine gute Portion Mut. Wer schaut schon gerne in einen Spiegel, der nichts verheimlicht, aber alles offenbart? Solch ein Spiegel sind die zehn Gebote. Ein einziger Blick in diesen Spiegel lässt erkennen, dass wir allzumal Sünder sind und des Ruhmes vor Gott mangeln. Gewiß, man kann an diesem Spiegel vorbei sehen. Man kann sich selbst der Nächste sein und tun, als ob das Doppelgebot der Liebe, in dem ja das ganze Gesetz und die Propheten hangen, nur für die anderen gelte. Aber man kann das nur, indem man selbst Schaden an Leib und Seele nimmt. Wer wider Gottes Gebote handelt, wer sie glaubt ungestraft übertreten zu können, der wird darüber das zeitliche und das ewige Heil verlieren. Und davor behüte uns und Euch der himmlische Vater!

„Da siehe Deinen Stand an nach den zehn Geboten", und Du wirst die vielen kleinen Teufelchen erkennen, die Dir im Nacken sitzen und die mit Dir ihr Possenspiel treiben. Jeder hat ja seine weiche Stelle, an der er verwundbar ist, wie Siegfried; Sie kennt keiner besser als der alt böse Feind; und auf sie richtet der Widersacher seine feurigen Pfeile.

Der schlimmste Feind aber wohnt in uns selbst, in der eigenen Brust, im eigenen Herzen, im tiefsten Innern verborgen. Wehe, wenn er über uns herrscht! Dann gibt es blutige Wunden und folgenreiche Niederlagen. Der Kampf gegen diesen Feind muss täglich neu geführt werden. So schwer immer dieser Kampf auch ist, so schön ist auch jeder Sieg, der errungen ward. Hier gilt, was einer unserer Dichter ausgesprochen hat:

> „Sich selbst bekriegen ist der schwerste Krieg,
> sich selbst besiegen ist der schönste Sieg."

Aber müssen wir nicht angesichts der Niederlagen, die wir immer wieder neu in diesem Kampf erleiden, bekennen: „Herr, wer wird bestehen?" Denn hier ist wirklich mit unserer Macht allein nichts getan. Aber wir stehen ja in diesem Kampf nicht allein:
„es streit für uns der rechte Mann, den Gott selbst hat erkoren."
Und eben darum:

Schaut vor allem auch über Euch! „Lasset uns aufsehen auf Jesum, den Anfänger und Vollender des Glaubens!"

Wer über sich schaut, der sieht des Heilands Augen über sich offen stehen. Seine Augen sind auch auf Euch gerichtet. Seit jener Stunde, da Ihr in der heiligen Taufe zum Kind und Erben Eures himmlischen Vaters erklärt worden seid, gehen sie mit Euch auf allen Euren Wegen. Unter seinen Augen dürft ihr auch getrost und voller Zuversicht durch Geduld laufen in dem Kampf, der auch Euch verordnet ist.

Das heißt nun nicht, dass fortan nur Sonnenschein über Eurem Lebensweg sein müsste. Es kann durchaus sein, dass Ihr Wege geht, die euch von ihm weg führen; dass Ihr, vielleicht sehr bald, die ihm heute gelobte Treue brecht; ja dass Ihr ihn auch einmal bekämpft. Es kann durchaus sein, dass Ihr den Herrn wie Petrus verleugnet oder wie Judas verratet. Das zu sehen, wäre für uns schmerzlich. Aber was immer geschehen mag, nichts ändert an der Tatsache, dass Jesu Augen auch dann noch Euch sehen. Aber weil es Jesu Augen sind, Augen, aus denen lauter Liebe aufleuchtet, darum gibt es die Möglichkeit der Rückkehr zu ihm auch dann noch, wenn sich längst die Augen unserer Mitmenschen von uns abgewandt haben. Unsere Untreue hebt Gottes Treue nicht auf, und des Heilands Liebe ist ohne Grenzen.

So lieb hat Euch Gott, dass er um Euretwillen seinen eingeborenen Sohn den schmachvollsten Tod sterben ließ. So ernst ist es ihm um Euch, dass er der Sünder Geselle wurde, um den Sünder vom Zorn Gottes loszukaufen und zu begnadigen. Und so ganz ist Gott Euer geworden, dass ihr ihn beim Wort nehmen dürft und er in seinem Wort und Sakrament bei Euch ist alle Tag, bis an der Welt Ende.

Und eben das sollt Ihr sehen, dass Jesu Augen über Euch offen stehen Tag und Nacht, heute und morgen und auch noch dann, wenn Ihr einmal eure Augen schließen werdet. Und will er Eurem Blick entschwinden, will sich anderes zwischen ihn und Euch drängen, will gar der Teufel selbst seine Hand auf Euch legen: dann denkt an das Wort dieser Stunde: „Lasset uns laufen durch Geduld in dem Kampf, der uns verordnet ist, und aufsehen auf Jesum, den Anfänger und Vollender des Glaubens" , und handelt danach!

Ein Abschnitt Eures Lebens ist abgeschlossen ein neuer beginnt. Das Leben wartet auf Euch und des Lebens Kampf. Darum: Achtung, Augen auf!

Schaut um Euch! Und: schaut in Euch! Und: Schaut über Euch! Amen"

Ich, das Spielkind

Herta ist in die Jahre gekommen, man sieht es ihr an, 71, vielleicht auch schon 72 Jahre ist sie nun alt. Sie wurde glücklicherweise nicht ausgebombt, als am 02. Januar 1945 die mörderischen Bomben der Royal Air Force am Abend auf Nürnberg fielen und das Mietshaus im Stadtteil Steinbühl, in dem wir wohnten, völlig zerstörten. Herta ist mit mir evakuiert worden, als Mutter 1943 mit uns Kindern aufs Land zog, während Vater weiterhin seinen Dienst in Nürnberg versah.

Seitdem ist Herta bei mir gewesen. Und doch dauert es ein wenig, bis mir einfällt, wo ich sie finden kann. Herta ist meine große Puppe, Schildkröt-Ersatz aus Zelluloid, aber ebenso schön wie ihre berühmten, teuren Schwestern. Viele Jahre, Jahrzehnte lang vergessen, liegt die treue Begleiterin meiner Kindertage, in einem recht bedauerlichen Zustand in der großen Schrankschublade. Nicht, dass mir dieser Umstand fremd wäre, denn wer weiß, wie oft, xx-mal schon wurde sie immer wieder aufs Neue, notdürftig repariert. Es gab damals noch keinen Puppendoktor. Und wenn schon: Hätten die Eltern Geld für die Behandlung gehabt?

Ich hebe Herta aus der Schublade, ihrem jahrelangen Domizil, schaue sie mir an und mache Bestandsaufnahme.

Die Farben sind verblasst und erinnern nur verhalten an bessere Tage. Die Augen und der Mund, irgendwann einmal blau und rot nachgemalt, haben ihren alten Glanz längst verloren. Nur undeutlich ist die Farbe ihrer aufgemalten Haare als helles Braun zu erkennen. Ihr Kopf ist quergespalten und der lange Riss mit einem inzwischen vergilbten breiten Streifen Leukoplast verklebt. Die beiden Arme sind einigermaßen gut erhalten, obgleich sie nicht fachmännisch befestigt sind. Das rechte Bein baumelt, mit einem Wäscheknopf und Gummiband verknotet, locker am nackten Körper. Ihr linkes Bein mit dem kaputten Fuß liegt verpackt neben ihr. Arme Herta! Erzähl, wie konnte es soweit kommen?

Ich hatte Herta sehr lieb und vertraute ihr alles an, was ein Kinderherz bewegt und sie teilte willig Freud und Leid mit mir. Dafür bemutterte und versorgte ich sie liebevoll. Herta hatte wahrlich einst rosige Zeiten gesehen. Allerdings nur bis zu dem Zeitpunkt, da meine Schwestern einen, wie ich fand, völlig ungerechtfertigten Anspruch geltend machten. Alle meine Spielsachen – es waren viele – ein ganzer Schrank voll, Teddybär und Bilderbücher verbrannten in jener Bombennacht in Nürnberg. Nur Herta ist mir geblieben. In den ersten Nachkriegsjahren gab es kaum Spielzeug für uns Kinder, obwohl Vater sich darum bemühte und manches schöne Stück für uns selbst bastelte. Das durchaus geschätzte Sortiment der selbst genähten und gestrickten Puppen, Seppel und Kasperl, wurde durchs ständige Herumziehen und ungezählte Handwäschen nicht besser und zeigte mit der Zeit klägliche Gebrauchspuren. Verständlich, dass meine große Puppe Begehrlichkeiten weckte und ich sie immer öfter auf Mutters Anordnung an meine jüngeren Geschwister ausleihen musste. Anfangs hatte ich es nur mit meiner Schwester Linda zu tun. Später kam mit zunehmendem Alter auch Cornelia ins Spiel. Es traf ein, was nicht vermeidbar war. Trotz Mutters erhobenem Zeigefinger und der Ermahnung, sorgsam mit der Puppe umzugehen, gab es um die schöne Herta immer wieder Streit unter uns, der nicht selten in Handgreiflichkeiten endete. Linda zog hier, Cornelia dort an der Puppe, und selbstverständlich verteidigte auch ich meinen kostbaren

Schatz und zerrte, wo ich sie zu fassen kriegte. Das ging nicht immer gut aus, und so kam es gelegentlich vor, dass eines von uns Mädchen, oder auch wir alle drei, einen Teil von ihr in den Händen hielten. Allen »Donnerwettern« zum Trotz blieben die elterlichen Strafpredigten und Maßnahmen auf Dauer erfolglos. Und immer wieder flickte Vater die Puppe, so gut es ging, zusammen. Wir wurden älter und hatten irgendwann andere Interessen. Und Herta? Geriet darüber in Vergessenheit. Sie war uns gleichgültig geworden und blieb in ramponiertem Zustand zurück.

Als ich heiratete und von zu Hause auszog, war auch die Puppe plötzlich wieder da. Mit dem festen Vorsatz, sie reparieren zu lassen, nahm ich sie mit mir. Denn: viele schöne Erinnerungen an eine glückliche Kinderzeit waren mit ihr verbunden. Wahrscheinlich war dann wieder etwas wichtiger. Herta verschwand in der großen Schublade und geriet abermals in Vergessenheit. Als ich heute mein armseliges Puppenkind in den Händen halte, träume ich mich in die Vergangenheit zurück und denke: *„Du bist es ihr schuldig! Bring sie zum Puppendoktor!“.*

Wir sind vier... v.l. Ich, Linda, Cornelia, Elfie

Zukunft - Gegenwart - und Vergangenheit
Rückblick auf unseres Lebens Zeit
Manche Träne - manche Freude
lag im Gestern - liegt im Heute
Hier war's Lachen und war's Scherzen
Dort sind's Unruh' volle Herzen
Manchmal ist es banges Hoffen
Tausend Wünsche stehen offen -
werden immer offen stehen
solange wir durchs Leben gehen
Tage vergehen - Stunden enteilen
Ein sonniger Platz lässt uns
länger verweilen
Wir schauen voraus und
wir blicken zurück
Wo liegt unsres Lebens Glück?
Vielleicht in jedem Augenblick

1956